科技特色学校建设丛书

科技特色学校建设案例研究

A PROFILE OF EXEMPLARY

SCIENCE
SCHOOL

李秀菊　崔鸿　赵博　著

社会科学文献出版社
SOCIAL SCIENCES ACADEMIC PRESS (CHINA)

目 录

第一章
英特尔"科技教育创新学校奖"
（SODA）学校案例[*]

"科技教育创新学校奖"（School of Distinction Award，SODA）由英特尔公司在美国设立，奖励在科学和数学教育方面有出色成绩的美国中小学校。[①] SODA 学校评选分为小学、初中和高中三个级别。每年评选出六所学校，选择其中一所学校作为创新之星。SODA 学校评选活动在全美范围内都有很大的影响，很多优质科技特色学校被评为 SODA 学校。

SRI 国际公司代表英特尔公司选择了众多 SODA 学校中的五所学校作为 SODA 学校的典型代表，对这些学校的特点以及他们所面临的挑战进行了细致的分析与研究。本书中，对 SRI 公司做的五所学校的案例展示进行重整和梳理，展示 SODA 学校的精华和特色。

美国一直都非常重视 STEM 教育，美国科学顾问委员会出版的报告《准备和激励：美国未来的 STEM 中的 K-12 教育》，呼吁美国社会重视 STEM 教育，加强美国在未来的竞争力。这五所学校都是英特尔科技教育创新学校

---

* 本章内容改编自英特尔公司出版报告 *Creating New Opportunities for STEM Learning：Insights from Case Studies of 5 Schools*。本章内容得到英特尔（中国）有限公司授权改编。在此表示衷心的感谢。

① 全国青少年科技创新大赛组委会：《全国十佳科技教育创新学校获奖学校介绍》，《中国科技教育》2011 年第 10 期。

奖的获得者，每一所学校都有出色的教学实践，学生也表现出出色的学习能力。这些学校的表现充分体现了 STEM 教育在美国学校中的具体实践。

这五所学校分布在美国不同的州，学校的背景也比较多样化。五所学校包括两所小学、两所初中和一所高中。表 1-1 是这五所学校的具体情况。

表 1-1　学校目录

学校	地址	学校类型	学生情况
MS223（金融与技术实验室学校）	纽约市	初中	非裔美国人和西班牙裔，大多数学生来自比较贫困的社区，许多是新近移民
乔治霍尔小学	亚拉巴马州	小学	非裔美国人，学生主要来自贫困社区
拜伦高中	明尼苏达州	高中	白人，学生的家庭主要为中产阶级
普雷斯顿中学	科罗拉多州	初中	白人，学生的家庭主要为中产阶级
法明顿风景小学	俄勒冈州	小学	大多数是白人，许多来自拉丁裔移民家庭

在案例分析和研究期间，SRI 和英特尔的研究人员走访了每一所学校，每所学校为期 2~3 天。访问期间，研究者采访了学校领导、地区工作人员、至少三名教师和其他学校工作人员（如技术主管或数学教师主管）。此外，在每所学校，SRI 都会组织一个家长座谈会、一个学生座谈会，以及至少开展三次课堂观察。希望通过这些多方面的全方位的深入了解，能够充分展现学校实施科技教育的背景、学校面临的挑战以及他们应对的策略。

五所学校尽管在背景、生源等方面有很多不同的地方，但是他们也有一些共同之处。

首先，所有的学校都在一定程度上打破常规，创造了新的属于这所学校的教育理念和文化。在乔治霍尔小学，打破常规的做法相对极端：更换新校长，替换了所有的教师，更新了课程体系，开设了新的吸引人的课程。这样的学校实践是一般的学校无法完成的。但是，乔治霍尔小学做到了，他们在重组过程中，学校的工作人员甚至努力清理了所有的校舍，让校园面貌焕然一新，让学校从内到外都如同获得了新生。这么大规模的改变在最初遇到很大的困难，当地的社区难以理解和接受为什么要做这么大规模的改变。后来，随着时间的推移，学校的努力逐渐获得了社区的支持。看起来，乔治霍尔小学的转变充满了戏剧性，但是他们确实做到了，也取得了优异的成绩。这样的学校在贫困地区对学生的鼓励作用和培养价值是巨大的。在做出重大改变方面，拜伦高中改变了课堂和家庭作业阶段，重新定义了学生学习的方式，对教育中的数字革命持完全开放的态度。普雷斯顿中学，自身作为教育单位采用了一种成长型的思维模式，使学校的每一门课程都取得进展，然后为能力提升显著的学生开发了搭建脚手架和差异化学习的方法。能够看出，每所学校取得成功都有一个重要的因素，即教师和行政机构部门打破了他们原有的习惯和思想，制定了新的课程，并利用他们的勇气做出大胆的改变。

其次，所有学校都为教师提供了由教师自己塑造、自己指导的专业学习社区（Professional Learning Communities，PLCs）和专业发展机会。多数情况下，学校教师的专业发展中，常常要求教师参与到由教育领域专家或者校外人员设计的课程中或者教学改革中去。在这些学校，情况正好相反，例如，在拜伦高中，学校给教师们提供了学习工具、时间以及相应的培训，以形成创新性专业学习社区，鼓励和支持教师成员尝试协作、系统地实施全新有效的教学方法。普雷斯顿中学的数学老师也有类似的经历。他们的校长推动了一种新文化——期望所有学生都可以在最高的水平上学习。校长授权教师团队探索并制定自己的创新方法来实现这一目标。因此，专业发展和专业学习社区并不是将别人的学校的先进经验全部整合在本学校的一种方法，而是一种能够使本校教师具备预见和实施自己课堂改进的技能和机会的方法，本质上来说是激发教师的创新能力和内在的潜能。

再次，所有学校都为学生提供了富有创造性和极具激励性的校外学习机会。普雷斯顿中学为学生们提供了许多实践科学探究的机会，比如野生动物栖息地的恢复；学校创建了学生选修课机制，在后期，普雷斯顿中学还致力于帮助学生发现和追求他们的爱好。拜伦高中对翻转课堂的创造性运用将校内和校外时间重新定义。在翻转课堂中，给学生介绍课堂以外的内容，并在课堂上解决问题。在这五所学校里，教师和管理人员对课堂和联邦以及州的课程标准以外的学习进行了广泛的了解，充分涵盖学生的动机、兴趣和激情。

　　复次，学校设计了细致的方法来满足每个学生独特的学习需求。MS223学校聘请了一名全职数学教练，用来支持学校运用和解释形成性评价。此外，学校还与一个教师培训项目建立了互帮互助的关系，该教师培训项目将专业教学人员安排到学校的高级教室中，以最大限度地增加学生小组学习的机会，并根据每个学生的需求定制更多的教学方法。乔治霍尔小学使用了数据驱动过程，引进了全新的分析系统，该系统可以实时分析学生的技能水平，确保学生学到的内容能够及时地根据需要进行调整。普雷斯顿中学将所有学生都引入了一个更高级的数学课程，随后，开发了一个十分强大的技术系统，以确保所有的学生都能跟上学习。目前，在教学中对学生采用了灵活的分组方式以保证教学能够差异化进行，因材施教。每个星期，不同年级和不同课堂的学生都可以通过课程解决不同学习者的需求。在每种情况下，学校都在寻找方法来满足学生的需求，并在他们个人的学习轨迹上为他们提供支持。

　　最后，所有的学校都寻找并充利用学校附近的资源。MS223中学与"为美国而教"（Teach For America）合作，把更多的成年人带进学校的数学教育，以帮助学校提升；联合耶鲁大学为学校提供艺术教育，与当地大学的兄弟会、姐妹会和运动队合作为学校的学生渲染大学的美好氛围。法明顿小学开展了一项"资产映射项目"，并利用它来联系当地的资源，比如组织学生参与到杰克逊地下湿地保护区的野生动物保护研究。此外，资产映射项目还扩展到学校的家长群体，在那里，任何有宝贵专业知识的成年人都被学校吸引来指导学生课外俱乐部或活动。拜伦高中运用技术收集免费的网络资源和工具来构建和提供学习内容，最先开始的是数学，随后扩展了很多科目。能够看出，每所学校都找到了创造性的方式，通过建立外部伙伴关系来扩大学生可用的学习资源。

　　在所有的五个案例中，英特尔科技教育创新优秀学校奖都是这些学校进一步积极变革的杠杆。这种国家级别的荣誉为学校提供了新的机会，获奖学校之间建立了新的伙伴关系，扩展其创新实践的能力，并成为其他学校的榜样，也有助于在其他地区广泛传播这些学校的优秀做法。从这五个案例总结出来的共同特点中能够看出，案例中的学校都在其教育使命的大框架下取得了成功，并且得到了社会的认可。这几所学校都采取了大胆而且勇敢的做法，支持教师开展教学改革，努力在最大限度内提高教师在校内和校外的学习机会，并且引入外部资源来支持他们的努力。这五所学校在各自独特的环境和背景下都给我们提供了成功的范例。

在本书的开篇即给出改编的这五个案例，特别是这五所学校背景不同、生源不同，学生的家庭背景也有所差异，希望让读者充分认识到，无论怎样的初始条件，只要有决心，都可以完成科技学校的创建。

第一节　案例1：乔治霍尔小学

学校的基本信息

地点：乔治霍尔小学位置在梅斯维尔，梅斯维尔是亚拉巴马州莫比尔的一个小社区；它是全国最大的住房项目之一；

年级范围：Pre－K至5年级；

学生人数：2012年549人；

英特尔科技教育创新学校奖：2010年入围决赛，2012年获得冠军。

一　本案例的核心要点

由于之前表现不佳，乔治霍尔小学在2004年经历了一次彻底的重组。新校长招聘了一批优秀的教师，彻底取代了之前的几乎所有的教师，师资进行了大换血。学校实施了新的课程计划，学校的基础设施也进行了清理。学生取得好成绩，学校会公开表扬。学校创设了一种新的校园文化，而且得到当地社区的支持。2010年，乔治霍尔小学入围了英特尔科技教育创新学校奖，管理人员和工作人员参加了英特尔科技教育创新学校奖的颁奖大会。之后，乔治霍尔小学从其他的SODA学校中汲取很多经验，并通过将学校与社区和外部世界联系起来以及持续不断的努力将乔治霍尔小学提升到一个新的水平。2012年，乔治霍尔小学终于获得了SODA。

二 乔治霍尔小学取得成功的经验

1. 招募一支敬业、强大、团结一致的员工队伍

● 向一所失败的学校仅仅注入资源是无法彻底扭转局面的。乔治霍尔小学所在的社区，也有其他四所学校获得了同样的资源，但是它们的发展速度和转变状态远远比不上乔治霍尔小学，说明仅仅有资源是远远不够的，人才是关键的因素。

● 在招聘新员工时，签下奖金和绩效工资有助于吸引申请者中的许多优秀教师。这些激励措施使新校长——一位受人尊敬的领导者和久经考验的团队建设者——能够创建成功改革所需的教师类型。

● 在早期，有五名支持教师（Support teacher，非任课教师）和五名特殊教育工作者给予陷入困境的学生高度的关注至关重要。这些额外的工作人员还为教师提供了额外的支持，以帮助他们应对繁重的工作。实际上，在最开始阶段，社区对学校的突然变化感到非常愤怒。

2. 确定关键课程并始终保持一致

● 学校在改革之初就运用了两门关键课程来帮助学生提升各方面的能力。

● 行政部门启动了一项奖励学生进步的做法，在他们提高阅读水平时在公开场合宣布他们的名字，从而激发学生对学习持续的热情。

● 学校实践中，课程改变只是其中的一部分，其他与之相关的系统也都在改变，包括教师专业发展、学校的传统以及技术的运用。

● 2010年，学校把小型计算机（minicomputer）整合到其活动中，将这项技术引入了一种学习实践中，目前，学生们已经习惯了这种学习方式，并取得了成功。

3. 赢得社区支持

● 从一开始，学校校长和老师就拜访了学校学生的家庭，同时还与对学校发生的重大变化特别是对解雇之前的教师员工感到非常愤怒的社区居民建立联系。

● 学校安排专门的部门在改革之初就仔细清理学校的基础设施，使之更具有吸引力。

● 校长制订了季度家庭数学和阅读活动计划。学生们教他们的父母如何学习阅读和数学课程，这使许多家长受益。

● 学校认识到，帮助家长更直接地参加 GED 课程、接触学校员工的机会以及其他类似的资源，可以间接地帮助学生。

● 由于学校的努力，家长们现在更乐意支持学校的举措、孩子的学业，甚至学校的努力在促进家庭稳定方面都起到了作用。

4. 让学习更有吸引力

● 学校的学生对于公众对他们成就的认可给出了很好的回馈。其中最突出的是早期关于阅读进步的声明，这似乎都已经成为学生承诺和成长的主要动力。

● 在数学课程的学习过程中，学校广泛地使用操纵符，为孩子们提供充分的体验，包含数量、形状、空间等基本学术概念的触觉体验。

● 技术也被广泛用于教学中用以激励儿童，无论是在个人活动中还是在全班互动课程中，教师和学生都在这些课程中操作交互式白板完成活动和课程。

● 学校强调与学生的生活和更广阔的世界相关、有意义的学习。比如关于词汇的实践性学习，包括了预备课程和词汇学习，学生可以访问他们感兴趣的社区网站。

● 学校致力于打造与社区的联系群——招募公民领袖和专业人士，他们经常进入学校与学生一起工作。

三 走进乔治霍尔小学

开车去乔治霍尔小学途中会经过几个街区的砖房社区。而在离学校更近的地方，政府住房被摇摇欲坠的木质房屋取代，这些房屋的油漆已经剥落，院子也凌乱不堪。从外表看，这所学校很普通，虽然不算破旧，但也不算奢华。乔治霍尔小学就位于亚拉巴马州的莫比尔市，这所学校的学生几乎都来自这条长长的社区带，学生们的家就在学校门外。

走进学校，就会被走廊的墙壁震撼。每面墙的每一寸都装饰着明亮的东西。在这些特殊的日子里，墙壁上覆盖着新奥尔良圣徒队的照片，当地的NFL球队刚刚访问了学校。墙壁上的图片主要由学生绘制和着色，并给出了与足球相关的数学推理（例如球员工资图表或比赛统计数据）。

大厅里安静有序。我们很快就了解到，安静有序的原因是学校始终执行着结构化和极端控制的日常生活。拥有大厅通行证的学生可安静地进出卫生间。换教室的学生默默地走着。学生们偶尔耳语，走在班级前面的教师就会立即向后走，让耳语的学生立即转向。

本案例中重点描述了乔治霍尔小学的转型。2004年，莫比尔市公立学区确定了五所长期表现不佳的学校需要进行改革，乔治霍尔小学就是其中之一。这所学校多年来一直表现极差；国家测试中仅有不到30%的学生在数学方面为精通水平，不到40%的学生在阅读领域为精通水平。正如一位当地记者所言，"想象一下，一所学校坐落在一个贫穷的、饱受批评的社区里。它有纪律问题，名声不好，还是亚拉巴马州考试成绩最差的一所学校。"根据一位现任教师说，2004年之前的教师对学生的期望很低，教学时间远不如现在这样多，并且教师对学生的要求很少，让他们在一天的大部分时间里画画是很常见的。另一位老师解释说，"当我们第一次来到乔治霍尔小学的时候，简直是一团糟。没有其他方式来描述它。学生们学习没有动力，外部也没有人去推动学生学习，学生们达不到正常的年级水平，甚至有一些学生不来上学。"

后来，副校长玛莎·皮克开始着手改造乔治霍尔小学和该地区其他四所表现极差的学校。转型的关键要素是任命新的学校领导，允许校领导拥有自主权，可以雇用和培养一个全新的教师集体，提供财政激励，使教师招聘更具竞争力，招募更多的支持人员，并启用新的课程。随着资源和优秀师资的注入，新校长强调了一致的课程重点，致力于使用数据来推动教学，严格控制日常教学，致力于为孩子及其家人提供所需的一切。

乔治·霍尔小学所实施的戏剧性变革从此得到了国家的认可。2010年，该学校被选为英特尔科技教育创新学校奖的亚军。管理员和工作人员参加了会议，最终所有入围者和获奖者都被邀请参加。他们利用这个机会，尽可能地向其他学校学习如何进一步改善他们的学校。这使他们认识到需要更好地将学校与社区和外界联系起来，从而使学生的学习体验与他们的生活经历联系更加紧密。终于在 2012 年，乔治霍尔小学获得了英特尔科技教育创新学校奖。

四　改革早期遇到的挑战

乔治霍尔小学的转变涉及对学校几乎所有工作人员的彻底改革。学校的行政部门被全部替换，所有在行政部门工作的老师都被告知他们需要重新找工作。27 名教师中只有 3 名保住了工作，而这 3 名教师中只有 1 名工作时间超过 1 年。这些突然的改变激起了家长们的愤怒，使得解决学生技能不足的问题更加复杂。

当问到学校面临的主要挑战是什么时，每位员工都提到了获得家庭支持的困难。由于他们所认识的教师和行政人员（大部分是黑人）被迫离开，整个社区一片哗然。几乎所有的白人员工都是新来的，他们似乎都是外国人，他们的期望与社区已经习惯的期望大相径庭。现在的老师们在描述 9 年前变革的第一年时情绪变得激动。他们经历了来自学生家长的不断骚扰、死亡威胁和社区愤怒的夸张行为，比如在操场上挂着死猫，在学校大楼上涂抹死鱼和虾的内脏，这让老师们的愤怒持续了好几天。

乔治霍尔小学努力提高学生的基本技能，这些学生需要做很多准备工作。尽管最近他们已经转向使用更多以学生为中心的学习方式，但校长和老师认为他们需要首先解决学生眼前的技能不足问题。校长和老师做出了一个深思熟虑的决定，即给学生提供充分的直接指导——一个高效且持续的循环，在这个循环中，教师模拟一项技能，与学生一起练习、评估，然后再重复——并创建一个强大的技能培养计划。乔治霍尔小学开发了一种机制来激励学生参与到学习中，尽可能地增加和充分使用所有的教学实践，并不断评估学习，以此种方法确定和教授学生最需要学习的内容。

获得家庭支持和改善学生学习是一项长期而艰巨的任务。最终成功的关键是教师坚定不移地致力于在全校范围内的努力和校长的领导，通过查询图书资料和深入讨论去努力理解贫困，学校除了为孩子和他们的家庭促进学习之外还承担起照顾者的角色。

五 乔治霍尔小学解决问题的良策

1. 良策之一是招募敬业、精力充沛、信念坚定的教师

校长汤姆林森于 2004 年就任到乔治霍尔小学，其任务是聘请她想要的老师，并根据自己的想法塑造学校。事实上，决定让汤姆林森夫人掌舵乔治霍尔小学是学校最终成功的关键。她在教育弱势群体的学生方面有丰富的经验。

汤姆林森夫人在来到乔治霍尔小学前在一所学生总数相近的学校工作，所以乔治霍尔小学附近的文化和气候对她来说并不完全陌生。她认为，走进一所像乔治霍尔小学这样的贫苦地区的学校，可能也会有一些惊喜出现。她是一位具有丰富经验的校长，面对困难，她有一定的心理准备，并没有心存天真。汤姆林森夫人在把全体员工团结在一起的策略选择上也非常明智。教职员工也知道她的领导风格以及他们的共同目标。

为了吸引大量的教师申请者，校长和老师们共同制定了一个目标，并承诺为他们提供数额可观的签约奖金和绩效工资。她亲自挑选教师和学校的其他员工，其中许多人曾在校长汤姆林森之前就读的学校担任她的老师。这些都使得学校的所有教师和员工都能与她保持高度的一致，遵守她设计的学校和课堂上的纪律，努力去落实汤姆林森夫人认为学生非常需要的课程，并且他们遵守汤姆林森夫人要求和期待的高标准。访谈中，Peek 主管补充说，"当然，汤姆林森太太有一群愿意跟随她的人，他们甚至会跟着她走到悬崖边缘。"这一比喻充分体现了新员工跟随汤姆林森夫人的坚定。

除了校长汤姆林森能够招募的强大而忠诚的团队之外，学校还获得了充足的资金用来雇用很多额外的支持和保障人员。因此，在教师获得绩效工资的 5 年里，每间教室都有两名成年人——一名教师和一名支持教师。学生们受到了超乎以往的关注，学生流动率很低，汤姆林森校长有能力和资源持续投资于她所认可的课程和学校管理程序的重点。在她招募的才华横溢的员工

的支持下，校长汤姆林森夫人能够创造一个既能保持不变，又一直在不断改进，并从未来的补充计划和技术中受益的课程愿景。

2. 良策之二是确定关键课程并保持一致

最初，当新教师进入乔治霍尔小学的时候，大家都普遍认为学生的能力很低。大多数学生在阅读和数学方面很落后。考虑到这一点，学校在教育硬件和软件产品上投入了大量资金，旨在通过经常性地评估学习来判断学生的成绩，以此来更好地针对学生的需求和现状，提高他们的数学和阅读技能。该地区已经为每一所表现不佳的学校提供了这些产品，但只有乔治霍尔小学选择将它们整合起来。Peek 主管说，"该地区已经向所有学校提供相关的硬件和软件系统。汤姆林森夫人和她的工作人员决定真正深入研究这个问题，这可能是全县所有学校中最深入的。"

课程改革一直是乔治霍尔小学学习的核心。汤姆林森校长致力于为教师提供能够有效运用课程的培训，购买同步的有效个性化学习的新技术，并在学校范围内开展学生取得成功的庆祝活动。一位老师评论说，课程"帮助了我们的成长，因为它激励了学生，也帮助我们找到了他们的弱点"。2010年，学校购买了小型电脑用来帮助学生们完成数学活动。这位老师认为电脑"真正提高了学生的参与度"。对于员工来说，电脑可以跟踪学生的学习情况，并将学生与他们自己需要的学习活动相匹配。

除了增加新技术以补充课程重点外，学校还制定了一些政策来表彰和奖励学生取得的进步。当学生在阅读或数学方面表现突出的时候，学校会公开庆祝他们的进步。例如，在每天早上，所有课程都会停下来，汤姆林森校长会通过公共广播系统宣布在阅读方面收获最大的学生。工作人员早就了解到，学生非常渴望得到积极的反馈，于是乔治霍尔小学建立了一个持续的、可预测的反馈机制满足所有学生的需求。"他们喜欢任何能让他们被认可的东西"，一位老师解释说，这极大地促进了学生的阅读动机。这就是为什么，正如另一位老师所说的那样，"这座建筑中最容易发生变化的地方就是图书馆"，在那里，学生们正在孜孜不倦地读更多的书。

3. 良策之三是赢得社区支持

如上所述，学校在转型初期面临的最常见的挑战是赢得学生家长的信任和支持。赢得家长的支持不是一蹴而就的，而是通过一个过程逐渐发生的，首先学习理解贫困以及学生家庭，然后为孩子提供他们需要的东西，最终使父母更直接地接受和支持。

汤姆林森校长引入了几乎所有中产阶级白人教师组成的全新团队，这是她作为一名教师的第一个使命，即学习贫困问题。新员工从一开始就"读书研究"，阅读相同的书籍，然后组成一个小组讨论材料。给许多教师和管理人员留下最深刻印象的书是 Ruby Payne 的著作《理解贫困的框架》，该书从根本上影响了学校。它重塑了教师对学生的同理心和充分理解他们的困难的能力，以及他们对学生说话的方式，并肯定了积极框架和认知的重要性。

除了主动理解贫困之外，还要帮助学生避免家里的琐事影响他们学习。汤姆林森校长任期一开始就实施了这样的一种日常教学模式，即所有老师早上的第一件事就是在教室里安排晨会。正如一位老师所解释的那样，目的是承认并理解学生在家里所面临的困难，然后帮助学生把消极情绪留在教室外面，并且让学生明确做到这一点非常重要。她解释说，给学生的信息是："虽然你没有早餐吃，你的爸爸也在受苦，但现在我们继续前进，我们将会看到，我们能做些什么来让你成为一个更好的人。"家长们回应说，这条信息在学校很常见，并补充说："如果发生的事情与学校无关，（孩子们）真的不会把它带进学校。"

然而，家庭问题并没有得到解决。目前学校给学生家长发出的另一个明确的信息是，无论需要什么，学校都会尽力提供帮助。其中一人说，"如果孩子们缺少什么，汤姆林森夫人自己会从口袋里掏出钱，给孩子们提供他们需要的东西……她需要的任何东西都可以，这样孩子就不会在学校里挣扎了。"这就是乔治霍尔小学开始赢得声誉的原因，它不仅是一个学习机构，也是一个有着巨大需求的社区中的提供者。

转型两年后，极端的紧张局势开始慢慢消散，更多常规化的传统开始建立了，学校也开始推动自己的影响力并将这种影响力扩展到家庭。家庭数学之夜和家庭阅读之夜每季度开始实施一次，这为学生们提供了一个机会，让他们向父母传授他们正在学习的东西以及他们是如何学习的。对于一些家庭来说，乔治霍尔小学只是让家长们熟悉它的数学和阅读技能建设活动，以便在家里得到强化；对于另一些家庭，他们的孩子已经超过了父母的能力，这成了一个加强父母基本技能的机会。同样的想法——帮助父母间接地帮助他们的学生——在很大程度上能够推动是由于将学校职业之夜 Fast Forward 转变为父母和子女提供更多就业机会和所需准备的机会。为了满足许多家长的首要需求，学校最近开始在乔治霍尔小学的教师提供认证并教授 GED 课程的时候，现场提供这些课程。

4. 良策之四是让学习更有吸引力

乔治霍尔小学的老师们通过三种主要方式提高了学生的参与度：让学生与校外的专业人士联系，运用技术，以及尽可能采用操作系统。

关于与校外专业人士的联系，一位老师说得最好："我们有资源——人力资源——而且他们是免费的！"该校积极招聘专业人士，尤其是工程和银行业的专业人士，来该校教学生应用数学。例如，这位老师刚带了一个屋顶架到学校，通过分析模型屋顶来教学生表面积的计算。2010 年，当乔治霍尔小学的教职员工以最终入围者的身份参加英特尔科技创新教育学校奖的颁奖典礼时，他们才充分认识到，他们的指导可以在多大程度上与外界联系起来。他们能够与全国各地的学校见面并向它们学习，这些学校正在寻找创造性的方法，将当地专业人士与 STEM 专业知识融入他们的教学和设计课程中，在这些课程中学生们将学到的知识用于解决实际问题。

这位老师还讨论了与南阿拉巴马大学建立的联系，该大学现在派出工程专业的本科生来学校给学生上课和参与学生的学习活动。当被问及他们是如何做到这一点时，她解释说，他们打了很多电话，做出很多努力。当被问及如何确保学习成功时，她说，教师在整个学习过程中要非常谨慎地考虑选择何人、在何处以及何时与现实世界相联系。学生对提供学习机会的专业人士和机构的访问被称为实地考察，在此之前，他们通常会先上预科课，并接触与旅行相关的有价值的词汇。

技术在乔治霍尔小学中扮演了多个角色：视觉吸引力、学习的个性化和持续的形成性评估，所有这些都与参与有关。老师解释说，技术是个性化的基础，并补充说："当然，我们会做一些集体课程，但当我们开始自主学习时，你的数学会专注于你学习中的不足。"事实上，学生们所知道的持续评估是他们积极努力的核心。他们知道，当阅读时间更长、关注度更高时，他们的阅读分数就会增加，他们会在早上的公告中得到认可，他们的学习也会变得有意义。技术在激发学生的热情中发挥着重要作用，因为它可以确保学生的学习能力得到衡量，产生即时反馈，然后通过认可获得奖励。它还允许教师跟踪阅读收益并持续评估数学学习，这样学生就知道摆在他们面前的问题不是忙碌的作业，而是有针对性的学习，并获得即时反馈。对技术进行投资已经成为校长汤姆林森的首要任务，并且已被证明这是一种有效的方式，让学生们参与评估，并更深入地参与课程学习。

在课堂上，对观察者来说最明显的参与工具是交互式白板。教师不断地展示学生可以操作的可视化形式。在一个幼儿园的教室里，老师能够让几乎所有的学生都举手回答问题，并且不需要提醒任何一个孩子在她操作互动白板时抬头看。她一个接一个地点到这些学生，他们都知道如何操作屏幕上的块来添加和减去构建块。然而，操纵视觉对象并不仅仅是在这些交互板上。对于大多数的数学概念，学生们都可以掌握一些东西，并用于可视化学习。父母提到，交互操作的使用是孩子参与和理解的主要来源。

六　乔治霍尔小学案例的结果和启示

乔治霍尔小学历时9年的转型故事并非"银弹"战略的产物；老师和管理者都深信这一点。他们在对待落后生的态度、对待改革之初受到的社区强烈反对的持续努力和适应性都是至关重要的。这一点再怎么强调也不为过。如果没有这种努力和适应性，他们的战略就不会如此有效。也就是说，认识到帮助乔治霍尔小学转型成功的一些最关键的决策和设计元素是很有价值的。

在转型之前，乔治霍尔小学只有不到30%的学生精通数学，不到40%的学生精通基于ARMT（阿拉巴马阅读和数学测试）进行的阅读。在过去的几年里，几乎100%的3年级、4年级和5年级的学生都已经精通了这两门课程，通过一次又一次的考试。2004年汤姆林森校长提出的一致的课程愿景对数学和阅读技能的提高至关重要。课程和工具的一致性给学生带来了可预测性和稳定性，而新培训和新技术的使用提高了参与度和效率。互动白板、充满数学操控的房间以及通过与外界的联系而变得有意义的学习也发挥了重要作用。

然而，展望未来，学校最重要的进步是通过发展更可持续的创新文化来实现的。这在很大程度上是由行政部门对教师和教师对学生的责任逐渐分散的产物。在乔治霍尔小学转型的最初几年，领导结构更加垂直。主管Peek解释说，该地区"非常关注学校，尤其是在最初阶段……总是与学校的行政部门一起工作"。然而，一旦学校的结构、严谨性和文化更加成熟，汤姆林森校长开始授权给老师们。毕竟，在她离开后，乔治霍尔小学的教师将会是维持学校成长的人，而且越来越多的情况是，教学的进步始于教师。谈到这所学校，主管Peek说，"不久之后你就会发现汤姆林森夫人已经在那所学校担任了辅导员的职位，因为她培养了很多优秀的教师领导者。"

推动教师领导能力提高的一个因素是高年级教学方法的演变。这一转变反映了行政部门职责的分散，因为教师现在把更多的学习责任放在学生身上。一位老师解释说："刚开始的那些年，我们的教学非常具体。我们教授的是好的、扎实的课程，这些课程涉及真正的直接教学，我们之所以坚持下去，是因为（学生）需要结构。"另外，她解释说，"现在，我们已经从一套非常有条理的课程转变为教师扮演促进者角色的学习方式。"由于学生的基本技能很强，并且不断强化学校强大的技能培养方案，教师们正在开展更多的基于项目的学习，尤其是在4年级和5年级。

第二节　案例2：拜伦高中

学校的基本信息

地点：拜伦是明尼苏达州东南部的一个小镇，它主要作为附近城市罗切斯特的卫星社区；

年级范围：9～12 年级；

学生人数：2012 年 533 人；

英特尔科技教育创新学校奖：2011 年获奖者。

一　本案例的核心要点

拜伦高中在教学中较好地运用了翻转课堂的方式。他们没有把数学教学固定在教科书层面，而是让学生在高级数学课程中学习教师在网上制作的视频，这些视频可以作为家庭作业，并利用课堂时间与教师和同伴进行互动，以加强和澄清学生对课程内容的理解。这种教学创新只是通过一种结构化和可度量的方法开发的若干全校创新行动之一。

二　拜伦高中取得成功的经验

1. 运用技术支持学生的学习

● 拜伦高中利用技术重新定义了课堂和家庭作业的时间，并让学生可以接触到互联网上的丰富内容。

● 教师重新设计了教学和学习，以便通过对学生的奖励和激励机制加强新技术的使用。

2. 支持自下而上的变化

● 学校、学术部门和整个地区根据教师和员工的想法采取行动，消除技术和行政障碍。

- 学校和地区工作人员通过技术支持和对构思、设计及实施创意的支持提供帮助。
- 他们在其他课堂上所取得的成功鼓励了拜伦和更多当地学校的员工采用和调整这些创新实践。

3. 创造一种创新文化

- 拜伦高中的新思想，无论是基于教师的想法还是地区的变化，都会在小规模或试用期内进行测试。并非预期的一切都会成功，但是这个试验过程可以用来筛选能被采用和磨炼的有效实践。
- 所有的创新都是以有效性来衡量的。随着新实践的实施，这种衡量仍在继续，它将追踪持续改进的影响。
- 专业学习社区（PLCs）和 Malcolm Baldrige 卓越绩效模型用于为发展创新提供的培训。

4. 保持共同目标和对学生一致的关注

- 拜伦高中的创新源于一群紧密团结的专业人士，他们共同致力于学生学习，并保持严谨的创新实践。学校和地区经常通过沟通来建立教学和学习的共同愿景，并坚持设计支持这一目标的创新和倡议。

三 走进拜伦高中

明尼苏达州的拜伦镇又小又安静。临近城镇时，会看到一个加油站和一些小型企业。经过当地的银行和一些教堂，拜伦高中坐落在城镇的北缘。

拜伦镇有大约 5000 位居民，位于明尼苏达州的东南角。它是罗彻斯特的一个卫星社区。罗彻斯特是西部 5 英里处的一座更大、更繁忙的城市，IBM 和梅奥诊所是这里的主要雇主。拜伦的人口有 96% 是白人，而在 2000年，家庭收入中位数大约是 59000 美元。由于没有真正的市中心，一些人将学校系统视为城镇的社交中心。

拜伦镇校区很小，有一所小学、一所中学和一所高中。民政事务处位于高中大楼内。拜伦高中是体育运动的常胜之地，每年招收大约 530 名学生。

尽管创新往往源于危机或巨大的需求，但这所学校在相对成功和繁荣的背景下，提供了一个关于创新的有趣故事。拜伦高中有稳定而有经验的教师队伍，**89**%的学生能够获得学士学位。然而，通过采用以数据为导向、持续改进的视角，拜伦的员工们在几年的时间里，通过对改善学生学习的明确关注，创造了这个创新故事。2006 年，他们开始开发和打磨一种独特的教学方法，这种方法已经获得了州和国家的认可，并获得 2010 年国家蓝丝带奖。2011 年，他们获得了英特尔科技教育创新优秀学校奖，一名员工称这是"突破性的时刻"，这进一步推动了创新。

四　再发展的动机和遇到的挑战

拜伦高中享有许多学校都羡慕的教育环境。它不会面临社区贫困或行政混乱的挑战。事实上，学校拥有家庭支持、稳定的领导能力以及与学监办公室的密切关系这些优势。但是拜伦高中及其员工确实承担着每所学校都会面临的教学和学习的核心挑战——如何让学生成为自主的学习者，在他们学习的适当时间提供适当的支持，从而使学生进入高等教育并取得成功。

这所学校成功的故事是在有远见的教师和教职员工的努力下，在学校和地区领导的支持下，在教学和学习方面做出的创新变革。拜伦高中的转型不是与一个特定的时刻联系在一起的，而是始于教育工作者在 5 年的时间里改变了他们的教学方式以应对一系列的变化并推动事件的发生。

- 2006 年，全州评测的第一年，只有**30**%的学生在国家考试中的数学领域表现为精通水平。于是，产生了改变的最初动力。

- 2006 年，学校进行了实体翻新，包括新建校舍、安装教室里的交互式白板，以及全校的无线网络接入。到目前为止，所有教师都用上了笔记本电脑。

- 2007 年，每所学校都有一名数据教练，并开始使用数据来指导教学。还建立了专业学习社区（PLCs）教师小组。

- 2008 年，高中教职员工开始使用在线学习管理系统来研发和管理课程。从那时起，他们还采用了在线和集成的文档、电子邮件、日历和聊天系统。

- 2010 年，数学教学组发现其过时的教科书只覆盖了**70**%的州标准。它需要（但负担不起）一种新的、更完整的方法来向学生传授标准中要求的内容。

为了提高学生在数学、技术和人力资源方面的熟练程度，基于共同目标和有关教学实践的定期讨论，高中数学组率先开发了创新和有效的数学教学方法。

五 拜伦高中提升教学水平的良策

1. 良策之一是使用技术来支持学生的学习

拜伦高中的实践得到了大部分认可，因为它成功地使用了"翻转课堂"的教学方式来支持和改进学生的学习。翻转教学是一种混合式学习形式，其中通过技术提供课外时间让学生学习课程，课堂时间用于学生与教师和同伴互动，以加强和澄清学生对内容的理解（从而翻转传统上在学习期间和课外时间完成的学习活动）。在数学教师特洛伊·福克纳和罗伯·沃恩克的带领下，拜伦高中在高级数学课上使用翻转教学，并在较低水平的课程中进行了几个月的过渡。高中的其他院系也在较小范围内采用了这种方法。翻转教学源于拜伦高中的数学老师，他们已经把他们的讲课视频传至网络，因为他们会错过课堂并使用代课老师。从 2010 年开始，数学教职员工就以此练习为基础，为所有（或许多）课程创建课堂视频，以重组或翻转他们的课程。

翻转教学的这种创新依赖于技术来改变学生对课程内容的获取。学生们可以随心所欲地观看老师制作的视频，而不是只听一次课堂上讲解的内容。因为他们会在课堂讨论之前观看视频，所以他们可以在关键点停下来，回放并查看材料，直到他们做好充分的准备。然后，在课堂上，他们延长了小组工作时间，老师在教室内走动并检查，这使他们有更多机会去理解学习中最困难的部分。学生们充分利用这种可访问性和可获得性，在线记录显示，90% 以上的学生在课后时间都会访问课堂学习管理网站。

由于数学组不使用教科书来组织课程，因此学生构建知识时最丰富的信息来源之一是互联网。拜伦高中的许多教室里配备了各种设备（笔记本电脑、平板电脑、电子阅读器和其他手持设备），学生可以使用这些设备来访问或查看视频课程，或者搜索完成学习活动所需的其他信息。一些教师（尽管不是全部）也鼓励学生在课堂上使用自己的智能手机或其他个人设备。

一个重要的特征是，这些技术的使用伴随着奖励结构，以帮助提升其有效性。除了翻转课堂时间和"自带设备"（如智能手机）政策外，工作人员还采用了问责制和激励策略，以确保学生跟上进度，参与课堂活动。例如，如果家庭作业是在线访问或提交的，那么学生的作业会被加盖时间戳，以确保学生按时完成。教师还使用"拼图"活动设计，学生们互相依靠，完成一个项目。由于翻转式的教学结构为小组作业提供了大量的时间，毫无准备地来上课变成了让朋友和同学失望的问题，而不仅仅是老师。在某些课程中，那些平均保持超过 90% 并按时完成所有作业的学生在该课程期间可以每周在家（或校外其他地方）工作 2 天；通过这种方式，学生可以获得成功奖励，教师可以将更多时间花在需要更多帮助的学生身上。对于一些数学课程来说，那些平均不超过 80% 的学生需要在数学学习大厅里度过午餐时间。

一位老师形容说，"在早些年，捐赠者会进来说这里有一些电脑。我总是说，这是一台不错的电脑，但我不知道如何让它参与教学中……它就在那里。"当数学教学组放弃教科书并开始使用互联网上免费提供的资源时，"技术开始有了不同的含义"。通过使用这些资源并向学生提供内容，它不再只是一台好电脑，"这是必需品"。

"在过去的 5~6 年里，学生们已经有了积极的改变。"一位老师解释道。

随着个人学习设备、WiFi 以及全天候 24 小时信息的可访问性，学生们发生了变化。孩子们带领着我们一起发生变化，从我们只是试图满足这种需求……我们可以获得这些信息，到我们必须真正接触它并开始使用它工作。

2. 良策之二是支持自下而上的变化

教师和管理人员都承认，拜伦高中成功的一个重要特征是教师提出了在翻转教学方法中达到顶峰的创新。一名工作人员写道："我们的领导人消除了扼杀创新的障碍。我们所拥有的大多数最具创新性的想法都不是自上而下的。"相反，它们是教师的建议，然后是领导者的支持。校长表示，当教师提出翻转课堂时，他们把这个想法"付诸管理，我们说我们将为他们消除所有的障碍，并尽可能简化"。

除了可靠的无线网络接入、笔记本电脑和学习管理系统等技术资源外，拜伦高中教师的主要支持来源是地区技术总监珍·赫格纳。赫格纳女士一直通过社交媒体和博客关注最有前途的新教育技术，她一直是以新方式思考和看待技术。她通过不断地向个别教师提出想法和建议，并愿意帮助解决实施中的疑难问题，积极推动变革。通过培训教师使用技术以进行教学的最佳实践，并帮助说服学校董事会使用技术支持学习，赫格纳女士在各个层次上都很好地支持创新。

此外，赫格纳女士并没有像许多学校和地区那样设置平台和安全壁垒，比如屏蔽视频分享网站，而是寻找未打开的门和需要消除的障碍。她充分利用技术在学习上的变革潜力，鼓励教师重新设想技术在创新教学和学习中可以发挥的作用。将教师的想法与技术解决方案相结合，是拜伦在教学和学习上产生有效变化的有力组合。

学校和地区领导在培养和促进教师创新方面也发挥了重要作用。该区不是从顶层推动计划，而是让创意扎根并在教师之间传播。当时领导该区的负责人温迪·香农（现已退休）描述了允许学生将自己的技术设备带入学校的决定。她说，"仍然有教师没有接受课堂上的个人学习设备，但我们的方法是支持那些选择接受这种改变的教师。然后越来越多的老师感兴趣。"因为他们看到其他人所拥有的成功，问道，你能告诉你是如何使用它的吗？我们看到越来越多的老师对朝这个方向前进感兴趣。该地区经常性地允许教师有创意的想法得到试验，而不是自上而下的定义和决定地区希望教师做出的改变。对于那些取得成功的试点想法，该地区支持并促进了它们在各个部门和学校之间的传播。

教师、地区工作人员和学校董事会成员都表示，管理者愿意考虑员工的新想法。香农女士描述了她的信念："在课堂上的差异是由老师造成的。这是我传达的关键信息，也是我来这里的原因。相信老师，相信能力。"她接着说，"每个人都知道我的期望是我会来工作，我会说，'我明天可以比今天做得更好'，而且……这也是我们老师的态度。"教师和员工的创新不仅得到了支持，而且在一种期望创新和持续改进的文化中工作。

3. 良策之三是创造一种创新文化

拜伦高中的创新过程不是随机的，也不是随意的；这些想法必须被证明能让学生以他们自己的中心学习，这些想法还必须从小规模开始，并衡量其有效性。"问责制总是建立在内部"，这位退休的负责人表示。并非每个想法都必须成功，但在被允许继续或大规模推广之前，必须证明每个想法都可以成功。例如，在 2012 年的课堂上，除了自己的设备（智能手机等）之外，学生们还可以在课堂上使用笔记本电脑、多种平板电脑和彩色电子书。在今年的试用期之后，该地区再选择购买和支持哪一款设备。

这种衡量创新的目标——在所衡量的意义上：经过仔细考虑和数字支持——不仅仅是管理者的考虑因素。一名教师是学校最初实施翻转课堂的教育者之一，他对学生的学习情况及其与不同教学策略的联系进行了详尽的记录。他制作的图表显示了学生在以授课为基础的学习和翻转学习后的评估分数，揭示了翻转学习的显著好处。他的团队的另一名成员追踪了不同程度的翻转课堂的影响，最终发现 9 年级学生在这种转变中获益最多。他现在以一种更传统的学习方式开始新的一年，然后在家里把讲课和翻转学习结合起来，最后转换到完全翻转的系统。这项基于行动的研究证实了新模式的有效性，并作为一个强有力的证据，鼓励其他教师采用这种新模式。

拜伦的这种创新文化得到了明确的结构支持。2007 年前后，当教师和管理人员开始深入思考如何将学习提升到新的高度时，他们决定将重点放在专业学习社区上。如今，许多学校的教师认为，PLCs（专业学习社区）只是另一种迫使他们参加更多会议的时髦词语。事实上，拜伦的教师在 2007 年之前就有 PLCs，但他们效率不高。当学校决定投资培训，将以前的交叉课程 PLCs 转变为小型、集中的部门团队，并将该机构和工具用于探索和投入他们认为有意义的想法时，变革来了。

教练 Warneke 解释说，我们以为我们在做 PLCs，但我们做错了。我们并没有很好地关注它，但是当我们从杜福尔教学峰会回来的时候，我们意识到我们需要对每一个 PLC 都有一个目标，而不仅仅是交叉课程，这是我们以前拥有的。我们需要一个部门 PLC。

除此之外，人们越来越清楚地认识到，拜伦创新的教育和哲学基础始于杜福尔及其 PLC 模型。强调学习而不是教学，创造一个共同的愿景，持续的合作，共同的评估，尝试各种方法，然后测量和比较每一个的效果，都是杜福尔 PLC 培训的重点。

翻转学习模式是在数学 PLC 中发展起来的，它是由老师一个星期又一个星期缓慢、深思熟虑改进的，创造学习主动性的产物。PLC 的老师们开始花 1 年的时间研究和建立他们自己的课程，这些课程使用的是免费的、在线的、有效的材料。

他继续说，这就是它的美。在 PLCs，我们每周都见面，我们会根据收集的数据、共同的评估，所有这些内容，查看它们的执行情况来修改和改进课程。这并不意味着那是对的。这只是一个版本。这很好，现在让我们改进它。

学校采用了杜福尔 PLCs，地区采用了 Malcolm Baldrige 的卓越绩效模式，在拜伦高中所做的创新是一个发展的过程。老师们在网上为缺席的学生讲课，产生了翻转课堂的设计，从而导致更多以学生为中心的方法，包括自由地使用自己的技术设备在课堂上和课外开展学习。没有尝试奇特或不连贯的想法但是也没有抛弃这些想法。取而代之的是，通过持续和深思熟虑的分析、试验和测量，保持了对学生学习的关注，并加强和实现这一重点的战略。

4. 良策之四是保持共同的目标和对学生一致的关注

拜伦高中的翻转教学是一个令人兴奋和觉得有趣的学校成功故事。但当被问到这个问题时，员工和领导层并没有从翻转教学的第一天开始讲故事。相反，他们通过描述他们五六年前的工作来讲述这个故事，因为委员会和团队致力于建立一个有效指导和基于数据对学生成功的理解的共同愿景。学校数据教练、教师 PLCs，甚至是该地区组织改进的 Baldrige 方法的历史，这些在为翻转教学方法创造环境的过程中起到了核心作用。

除了翻转指令和作为 PLC 范例运行的数学团队之外，团结一致且互相协作的氛围和策略也扩展到了其他学科的 PLCs。例如，英语小组也开始琢磨学生如何学得最好，以及如何应用技术。通过这种反复试验的过程，这些教师已经建立了自己的框架知识，并对翻转学习在英语中最有效的地方以及他们自己的发现进行了细致入微的观察。例如，一位英语老师最近发现，让她的学生以博客的形式撰写论文草稿，并在社交媒体的网站上阅读复杂的文章是有价值的。她指出，更多的非正式空间可以放松写作过程，使其更具有社交性、深度和吸引力，并鼓励害羞的学生与同龄人分享他们深思熟虑但经常被忽视的见解。

学校的 PLCs 没有追求不相关或不重视的举措，而是为教师提供了一个组织结构，以形成敏捷、有思想、协作的团队。他们是该区努力"调整我们的箭头"的一种方式（正如退休地区主管所说的那样），并且专注于明确定义和共享的学生学习目标。换句话说，拜伦高中的新技术和课堂教学策略并不仅仅是偶然出现的好主意，而且是通过定期的学校和地区专业人士会议建立的共同愿景、纪律实践和协调的合理延伸。

六　拜伦高中案例的结果和启示

如果没有拜伦高中的资源，比如新建筑、强大的无线基础设施、笔记本电脑、交互式白板以及家里有高速互联网、口袋里有智能手机的学生，拜伦高中成功的故事可能看起来无关紧要，甚至无法复制。这些资源是重要的，但只是更大改进过程的一部分。拜伦把科技作为一种工具，以新的形式为学生提供学习机会，但科技本身并不是变革的策略。相反，这些变化源于拜伦的创新和协作文化，以及现代学生差异学习、学习可以在任何地方发生、学习比教学更重要的共识。

拜伦高中的经验给了我们一些启发，让我们去尝试新的东西。承担风险意味着冒着失败的风险，但是继续做同样的事情并不会带来进步。一名数学老师描述了拜伦高中变革时期的一个关键时刻："我们曾经说过，为什么我们只是接受正在发生的（学生成绩方面）事情？这是一个关键问题。这让我们重新思考我们在做什么。"

教师和其他学校工作人员可以成为改进思想的来源，无论大小。在拜伦，老师和员工们提出了翻转教学以及更多的渐进式改变，以改进实践。拜伦高中聘请了专家和顾问，帮助他们追求和完善自下而上的变革理念——他们不是该地区所采用的一些新计划的来源。这些课程通常是教师创新的产物，这些创新是在一个小型、专注的团队中构建和测试的，由信任教师并努力消除障碍的管理员提供支持。拜伦中学的变化是一门学科。这不是偶然的；这些想法是通过协作、技术支持、试点、及时评估影响，并且如果被证明是有效果的，那就是需要改进的。

这些教师和领导人利用他们的共同承诺，帮助学生在高中、大学以及其他领域取得成功。通过仔细观察学生的生活和倾向，他们已经适应了这些数字原住民的喜好和需求，并采取了以学习者为中心的观点。这种对学校里典型的不容置疑方面的公开检查，如书籍、讲座、家庭作业，并帮助拜伦高中形成了一个创新的、有效的教学方法。2011 年，英特尔认可了拜伦高中对在线资源的卓越利用，让学生能够按照自己的节奏学习，并让老师更容易帮助那些需要额外支持的学生。英特尔的研究人员发现，教室提供了协作环境，学生们可以"以最好的方式安排课桌，进行自由的合作"，许多人使用笔记本电脑、智能手机和平板电脑"查找他们正在学习的材料上的信息、视频和解决方案指南"。

展望未来，对改进的关注意味着拜伦高中将继续创新。例如，学校正在考虑整合在线学生测验、手持信息收集系统以及基于视频的数学课程的发展。这种翻转式的学习方式也正在扩展到其他学校和学区的低年级，因此学生们很快就会进入已经经历过这种学习方式的 9 年级。

第三节 案例3：普雷斯顿中学

学校的基本信息

地点：普雷斯顿中学位于柯林斯堡，柯林斯堡位于丹佛以北 1 小时车程的落基山国家公园脚下；

年级范围：6~8 年级；

学生人数：2013 年 1012 人；

英特尔科技教育创新学校奖：2011 年获奖者。

一 本案例的核心要点

学校从 2007 年开始了以 STEM 为重点的教学战略，同时也改变了学校关于新的教学和学习可能性的集体思维方式。学校管理层和员工都承诺支持同伴，并乐意实施差异化教学，为每个学生创造最高水平的学习机会。普雷斯顿中学采用这种新的思维模式，从传统的以教师为中心的教学模式，转向以学生为中心的学习体验模式，从整体教学模式到更能满足学生个体需求的系统，再到强调丰富的 STEM 学习经验的结构。

二 普雷斯顿中学取得成功的经验

1. 改变领导战略

• 学校领导者对探究性 STEM 学习给予了明确的关注，强调了 21 世纪的批判性思维和解决问题的技能。

• 学校领导为普雷斯顿树立了一种愿景，即重视学生的选择，培养学生到来时的激情，并表现出对每个学习者提高学习能力的信念。并且，至关重要的是，这些领导者选择授权给教师和支持教师开发创新方法来实现这些目标。

• STEM 内容以创新的方式提供给学生，包括许多 STEM 选修课、超前教育和课外活动、全校研究项目和暑期课程。

2. 过渡到以学生为中心的学习

• 普雷斯顿中学为学生提供了满足他们需求和兴趣的学习机会，提高了学生参与度。这些机会包括一个工程项目，在这个项目中，所有学生都在追求自己的研究和解决方案，以应对现实生活中的挑战。

• 大多数学生参加非正式的 STEM 活动，如机器人竞赛、科学奥林匹克、科学大奖赛（Science Fair）和数学计算比赛（Math Counts）。这所学校在正常上学日之后提供了"第九期"，在此期间，大多数学生有机会追求自己的兴趣。

• 科学团队专注于培养学生的兴趣和相关性。他们利用当地的合作伙伴关系提供各种各样的课程和活动，包括一个野生动物栖息地改善项目和基于项目的探究科学经验。

3. 发展成长思维

● 学校决定取消几乎所有的学习跟踪评估，而是选择一个所有学生都处于高级轨道的系统。

● 为了让所有学生都可以加快学习的进程，数学团队采用了一系列策略来开展差异化教学，以对个别学习者的能力、需求和进步做出反应。

● 鼓励教师在教学中进行创新，并提供员工发展和协作机会，以支持创新。

4. 强调思维策略和元认知

● 普雷斯顿中学与 PEBC（公共教育商业联盟）合作，帮助教师在他们的课堂中引入促进批判性思维的教学模式。

● PEBC 方法的重点包括所有教师在其墙上列出的"思维策略"，其中包括使用先验知识来理解新信息的方式，以及创造意义和做出推论的方法。

● 在每一课结束的时候，学生都要对自己的学习进行评估，以便更好地理解自己的想法。一对一的会议能够帮助学生与他们的学习建立更深入的联系，这也成为一种在普雷斯顿更普遍的做法。

三　走进普雷斯顿中学

在位于北部前线的落基山脉的底部，丹佛以北大约 65 英里处的拉普德雷河旁，坐落着柯林斯堡。人口接近 15 万人，是科罗拉多州第四大城市。

从东面走近普雷斯顿中学，我们看到落基山国家公园和远处的罗斯福国家森林带。普雷斯顿中学于 1994 年秋季开学，在建筑设计中考虑得很全面，建成了一所现代化、拥有节能设施的学校。学校窗户的四周都有自然光，公共区域很大，学校获得的众多奖项都展示在公共区域里。这些奖项不是为体育成就设立的；它们代表了许多学术团队的成功，比如学校的机器人团队和科学奥林匹克团队。其中一项奖项使普雷斯顿中学作为一个案例研究学校引起了英特尔研究团队的注意，希望通过了解普雷斯顿中学来了解与成功的STEM 教育相关的许多因素。2011 年，普雷斯顿中学因其在科学教育方面的卓越表现以及促进学生解决问题，批判性思维和协作技能（21 世纪技能）的能力而被评为英特尔科技教育创新优秀学校。

在 20 年的运作中，学校已从服务 420 名 7 年级和 8 年级学生，发展到现在招收超过 1000 名 6 年级、7 年级和 8 年级学生。同样，普雷斯顿中学已将其学术课程从核心课程扩展到多样化的课程和 STEM 课程。

尽管现在普雷斯顿中学享有很多成功，但是在过去，并非一直是这样的。作为一所在中等收入社区的学校，普雷斯顿中学并没有悠久的历史，还是一所比较新的学校。普雷斯顿中学在 2007 年曾经遇到过招生方面的危机，当时有一所新的特许学校在普雷斯顿中学附近开办，这所学校与普雷斯顿中学争抢好生源。为了应对挑战，与新的特许学校竞争，保持普雷斯顿的入学率，普雷斯顿中学的校长开始实施"激励和挑战我们的 21 世纪学习者"的战略。在这个战略中，STEM 教育四管齐下：以 STEM 为重点的课程和超前教育，全校研究 STEM 主题项目，STEM 课外活动和 STEM 暑期课程的项目。

四 普雷斯顿中学改革中的主要挑战

普雷斯顿中学从 2007 年开始致力于 STEM 教育，以解决数学、技术和科学方面的问题和挑战。普雷斯顿中学所在的伯德雷学区允许家庭选择最符合孩子教育需求的学校。作为该地区的 10 所公立中学和 2 所特许学校之一，普雷斯顿中学为了更具有竞争力，采用了以 STEM 教育为重点的战略，以建立学生的学习兴趣并让学生参与到学习中。

在采用 STEM 教育方法之前，普雷斯顿中学已有的教学方法是传统的，学校课程以讲授式为主，学生有很少的自主学习机会。学校的教学中对于教学内容的传递很少关注学生个体的理解，也没有考虑到适应个别学生的学习需求和发展要求。学生的一些行为上的问题导致每天都有六七次纪律问题。

在这种非常传统的教学和学习方法下，工作人员报告说，当时普遍存在着一种固定的思维模式。当时，学校也对学生的学习表现进行追踪，但是在对学生成绩进行追踪的过程中，学校的工作人员有一种潜意识——不是所有的学生都能在高水平上完成学习。在这种意识的指导下，学校的文化主流是教师总是试图迁就表现最差的学生来尽量减少教学上的失败，教师并没有试图吸引表现差的学生促进他们的学习来减少教学上的失败。语言艺术系的系主任卡梅伦·希恩（Cameron Shinn）描述了这一变化，他说："教师的思维定式是关于孩子的，而不是关于教学内容的问题。"思维方式是关于他们是否学过它，而不是我们是否教过它。

五　普雷斯顿中学改进教学的良策

1. 改变领导策略

当校长斯科特·尼尔森加入普雷斯顿中学的时候，伯德雷学区已经开始了整个学区从初中到完全中学的转变，这意味着这些学校将不仅仅是一所社区学校。与助理校长约翰·豪一起，尼尔森校长利用这个机会，为普雷斯顿中学创建了聚焦 STEM 教育的战略，并为其建立了 STEM 课程。然后确定以 STEM 为重点的教学策略，以帮助学生学习掌握批判性思维和解决问题的 21 世纪技能。

普雷斯顿中学实施的 STEM 教育战略在学校各个方面都产生了深刻的影响。首先学校认识到探究以及基于经验的学习对于学生参与到学习中和培养学生的批判性思维能力具有非常重要的作用。基于这一点，学校为学生和教师建立了各种以 STEM 为核心和重点的课程、超前教育和课外活动、具有 STEM 主题的全校研究项目和暑期课程。当学生们描述普雷斯顿中学的科学学习时，他们首先想到的是"真正的科学问题""团队合作""动手实践"。

一位教师表示：学校领导组为学校设定了发展的愿景，同时支持和鼓励教师们制定实际的创新发展策略，这正是学校不断进步的动力。作为一名长期的特殊教育工作者，尼尔森校长花了大量的时间来设计如何教学生应对学习上的挑战，但他从来没有担任过学生的班主任或者学生的任课教师。校长斯科特·尼尔森确认了这一点，并且解释说：作为一位校长，他从来不会让与他一起走进教室的教师认为校长脑袋里的想法才是最好的。他对自己的教学人员有足够的谦逊和尊重，使他们能够追求自己的想法，并自信地重复这些想法。学校的领导会采取措施消除障碍，并支持教师的创新。一位有能力的老师说，"我们向前迈进，真正反思我们正在做的事情，分享正在发生的激动人心的事情，并试图弄清楚我们如何在自己的班级里应用这些原则，这真的推动了我们不断前进。"

校长斯科特·尼尔森说，他很早就注意到，学校并不是鼓励教师冒险的环境。当被问及他是如何看待过去和现在的文化差异时，他说，"我想鼓励冒险，庆祝成功和失败的结果。"

2. 过渡到以学生为中心的学习

普雷斯顿过渡成为一所初中，并且选择成为一所 STEM 学校。在这个转变的过程中，教师自身也发现他们从最初的认为自己的学生不适合升入高中，到后来觉得适合升入高中的转变。那些留在普雷斯顿的是接受了新愿景的老师，以及伴随着新愿景而来的以学生为中心的教学方式和学习方式。

科学系主任玛丽·克拉斯表示，她现在的学生的学习主要受学生自身的需求以及兴趣所驱动。而之前的学生都是按照老师要求的方式在学习。她还看到，当学生们获得自我激励和自我指导的机会时，他们学习的潜力是巨大的。为了说明这一点，她描述了科学奥林匹克团队的学生可以在早上 7 点集合，随后精力充沛地解决问题或设计改进，因为他们正在主导自己的学习过程。她说，"他们（学生们）没有被指导；他们通过问题、难点或想法来主动学习。"她补充说，"看起来我们所教的一切，有些孩子想要改变一点，以使他们成为学习的中心。"学校意识到学生的渴望并欣然接受，努力将教学过程变得更加以学生为中心。

积极引导学生参与科学探究过程，通过调查引导学生的实践是普雷斯顿中学教学策略的重要组成部分。目前，所有学生都参与了一项研究和演示课程，这是一个巨大的挑战，旨在为学生的科学和数学课程提供与现实世界的关联。每个学生都选择一个基于现实问题的工程挑战。通过跨学科的方法，学生在第一学期通过他们的课程建立背景知识，然后在第二学期创建解决这些现实挑战的方案。小组在学期结束时提出他们的解决方案和他们收集的关于其有效性的数据。

基于学生兴趣和 STEM 主题引导的课程与活动的快速增长标志着普雷斯顿中学以学生为中心的教学方式的不断兑现。从 2007 年开始，学校领导开始记录访问 STEM 课程和活动的普雷斯顿学生人数。那一年，他们的统计结果表明共有 25 名学生参加 STEM 活动，这些活动不是必须上的科学课程。2012～2013 年，当普雷斯顿计算参加 STEM 课程或浓缩活动的学生人数时，总数超 2600 人。

在普雷斯顿中学，学生的学习主要由他们的学习兴趣推动，"第九小时"课程（主要是选修课程）为学生提供了所学内容的多样选择机会。作为赋予教师和学生权力的一种手段，这种"第九小时"的想法成为教师开发梦想课程的机会。如果他们对学科领域充满热情，那么教师的指导对学生很可能有极大的意义。

一位学生解释说，在这个"第九小时"课程中有很多丰富的内容；他们给你机会探索你想要的任何东西。例如，其中有生物技术课、数学统计课、机器人课、可以学习编程且有点难度的计算机课、烹饪课等。

在像"第九小时"课程这种环境中，学生们可以找到学习的机会，他们可以将自己的激情投入学习中。例如，在他的老师的鼓励下，一名学生在该地区发生大洪水后制订了一项洪水紧急救援计划。在老师的帮助下，他设计了一个计划，用于转移潜在洪水区的水流。最终这名学生将这个计划提交给了州长。学生在完成这个计划的过程中收获很大，并且能够将计划提交给州长，他自己也深受鼓励。

几年前，学校引入了新的管理支持系统。在系统中，学生可以找到自己的校外专业人士导师，学生们可以在学习上获得更多的指导。专家们可以根据学生的兴趣，为学生的学习提供充分、丰富、个性化的学习机会。例如，对于一个喜欢写作的学生，老师找到了一个相关的电子设备来支持他写小说。其他学生已经做了一些项目，比如自己建设一个网站。以学生为中心的学习理论对很多教育工作者来说在理论上很有吸引力，但实际的教学中，教师们可能会认为如果让学生自己掌握自己的学习，教师给学生提供支持，教师会花费更多的时间，并且这个时间是非常惊人的。值得敬佩的是，普雷斯顿中学已经接受了这种做法，并且实施得很好。他们设计了在"第九小时"课程中团结教师和学生的方法，通过远程教学和更开放的探究式教学提供更深入的个性化支持。

3. 以发展的习惯和学生都在高水平的程度上发展学习

普雷斯顿中学目前使用的教学方法正是突出的创新型教育的具体实践。学校的数学教师苏珊娜·马蒂诺（Susanne Martino）将发展思维描述为："无论先前的学习如何，了解学生的习惯都可以使教师站在更高层次上思考。"她继续说道，"他们（政府）支持我们的创新，他们还支持我们的员工发展、培训，以及与其他学校彼此合作的机会。"在数学组，教学和课程改革的基础是"所有学生都能够表现出色，并且可以通过足够的面对面教学时间来消除数学辅导"。该部门的成员重新设计了课程表，包括每天开展数学教学（而不是典型的隔天上课的传统课堂时间表）。在第一学年结束时，学生的考试成绩表明，学生的成绩与之前相比没有显著的变化。数学系主任瑞安·马丁对这一结果感到非常震惊和沮丧，因为他们在数学上花了更多的额外时间，但是学生的成绩并没有更好的变化。但在这种支持承担风险的文化中，数学系再次开始重组教学方法。这一次，整个数学组参与到研究中来，并且在一本书中找到了希望："让差异化成为习惯：如何确保学术多元化课堂的成功。"

数学组一起将差异化教学视为一种策略，承认每个学习者都具有不同水平的能力、成就、兴趣和动机，他们需要设计不同的课程和教学方式来适应每个学生的不同层次水平。教师们开始根据学生的需要改变他们的教学方法。广泛采用的一种做法是使用异质群体，将表现较差的学生同表现较好的学生放在一个团队里。事实上，教师们已经深入分析了这一点（用整个分析结果完成了一篇硕士论文），这样做以便组织团体和开展活动，以最大限度地支持学生从同伴那里得到支持，同时仍然让每个学生对自己的学习负责，为自己的行为产生的后果负责。

另一种广泛采用的差异化策略是灵活分组，即每周一次，学生依据自己前一周的学习情况来决定下一周的分组。这种分组一般由各年级的一般性测验来决定。这种测验没有太大的压力，主要目的是让学生充分了解他们对最近一段时间学习的理解程度。测验完成后一周内，将学生分成三组：完全掌握组、大部分掌握组和小部分或者几乎没有掌握组。在这样的情况下，学生们被分配到依据他们的需求而设定的学习组中。一般情况下，小部分掌握组的学生就刚刚好完成所有内容的学习，大部分掌握组则在基础上学到更深层次的内容，而完全掌握组则要接受一些拓展练习。灵活的分组使学生随着他们对学习内容不同层次的理解而经常移动到不同的群体，避免了更加永久性跟踪带来的决定论和低期望。目前，数学组正在追踪马上就要学习代数的 8 年级学生。

科学课程的创新主要是基于学生的学习兴趣和迫切希望获得进步而驱动的。根据助理校长约翰·豪的说法，满足所有学生在科学领域的学习需求的最可行的方法是提供各种各样的课程和活动。在 Poudre 学区的所有中学中，普雷斯顿拥有 6 年级、7 年级和 8 年级最多的科学课程，以及每个年级的优等生课程和课外俱乐部和活动。例如，与 Front Range 社区学院和科罗拉多州立大学的合作伙伴关系使得学生有机会参加水生生物入侵项目，为期三天的冬季生态实验室和野生动物栖息地改善项目。学习真正的检索信息和查询资料，分析已有的数据，创建图形、表格和图表以及采用多种方式来表示数据。在最后阶段，学生还学会给出具有严密论证的科学解释。基于项目的探究科学推动了普雷斯顿中学科学课程的构建策略，同时，普雷斯顿中学的科学教学内容与科罗拉多州科学标准始终保持一致。

4. 包含元认知的 PEBC 思维方式的采纳

直接与学校前景相关的全面和多方面的专业发展是普雷斯顿中学教育创新成功的关键因素。各种专业发展计划融合了基于网站的协作学习活动，包括部门协作和学习社区，以及辅导、指导、学习小组，在职工作人员和顾问。

普雷斯顿的一个专业发展来源是公共教育商业联盟（PEBC）。PEBC 支持的资源是华盛顿大学教育领导中心的教与学框架中的五个维度。这个专业发展工具的五个方面是：

- 目的；
- 学生参与；
- 课程与教育学；

- 学生学习评估；
- 课堂环境与文化。

普雷斯顿中学的教职员工说，这个工具帮助他们通过规划和教学进行思考，并了解学生正在做什么样的思考。一位老师解释说，PEBC 强调"帮助学生更加协作地一起学习"，强调学生的探究和解决问题，科学探究和探索。另一位老师作为一名执教者描述了她更多的改变，并强调 PEBC 对她的日常生活产生了重大影响。例如，她每天都以无声的阅读开始，同时对学生一对一地提供支持，促使他们建立联系并从先前的知识中汲取灵感来理解新的模式。她还描述了现在每节课都以自我反思来作为技术，在此基础上，学生评估自己的学习，同时可以更好地发展个人能力。

六 普雷斯顿中学案例的结果和启示

学校之间的竞争，以及从而引发的家庭对于学校选择的问题一般来说是引起争议的话题。反对者经常会争辩说，这会阻碍学校之间的合作，并将更有学习动力更有优势的学生集中在成绩更好的学校。支持者认为，它促进了学校的创新和学校的进一步发展，这为学生提供了更多的选择机会，他们可以选择满足他们兴趣和需要的学校。这一争论不在本案例研究之内，但竞争本身与普雷斯顿的历史有关，所以我们在此讨论一下。当一所特许学校在普雷斯顿附近成立时，它开始吸引一些普雷斯顿的学生。这个是普雷斯顿创新的火花塞，因为它引起了学校深刻反思该校的教育缺乏哪些内容，推动学校选择和培养一个重点领域来钻研。现在，差不多十年之后，该学校已经形成了一种非常牢固的创新文化和系统，推动和支持每个学生学习并使该校获得了 STEM 英特尔优秀学校奖。这个奖励已经将普雷斯顿中学定位为这个地区的模范学校，并且地区的领导人已经努力去找寻普雷斯顿中学在 STEM 方面的关注点以及建设经验，以期可以使其他学校受益。

普雷斯顿通过赋予教师和学生更多的自主权来完成这一转变。校长斯科特·尼尔森和助理校长约翰·豪明确强调以学生为中心的学习，批判性思维，深入的 STEM 探究式学习以及所有学生都可以在高水平学习的发展思维。至关重要的是，他们为教师提供工具，协作时间并鼓励教师们去设计他们自己的创新方法去完成这些内容。校长斯科特·尼尔森"鼓励风险和庆祝成功与失败"的态度为老师们提供了创造空间和创造有效学习路线的使命。在大多数情况下，精心设计的多样化群体学习，每周一次的数学灵活分组、远程教学、有意义的科学项目，以及一些教师的翻转教学都是教师合作和创新的产物。

反过来，这些创新赋予普雷斯顿中学学生更多的自主权。以前，学生觉得有必要采取行动离开学校。当校长斯科特·尼尔森在普雷斯顿开始改革创新前，平均每天有 6 ~ 7 名转校生。当时普雷斯顿中学依据追踪结果，学生们被分为快速组或者缓慢组，努力学习的学生也并没有被认可可以在高水平的层次上学习。在改革之后，所有的教职员工都以发展的眼光来看待学生，并且为每个学生提供了一个加速的学习轨道，学生们已经达到他们所期待的更高水平。现在，转校生非常少见，并且在差异化技术的支持下，所有的学生都学到了更多的知识。

普雷斯顿中学转型的最后一点意义应该是重新思考学校如何满足学习者的个人需求和兴趣。在现代教室中，每班有 30 名学生，每名教师教授多个班级。帮助个别学生发掘学习激情的想法似乎不可能实现和不切实际。然而，普雷斯顿中学所做的是重新设计框架以促进满足每个学生学习的需要。其中最重要的一点在于学校一天中的最后一段时间的利用。学校利用这段时间致力于为大多数学生提供选修课程。很多受访的学生都提到"第九小时"，因为他们有机会在众多的课程与课外活动中选择他们最感兴趣的东西，以便继续学习，他们会感到很兴奋。此外，教师们也很兴奋，因为他们有机会自行选择在此期间教授的内容。"第九小时"以外，普雷斯顿已经能够通过远程教育计划开发出适应学生的独特性和个性化的课程。在其他的成年人导师的指导下，学生能够在写小说、重新设计水流机制以尽量减少洪水灾害以及创造和维护网站这样的事中获得一对一的支持。这些重要的目标都不容易实现，但普雷斯顿中学强调，当领导者创造一个清晰的愿景并有效地赋予他们的教师和学生充分的自主权时，这是可能的。

第四节　案例4：MS223（金融与技术实验室学校）

学校的基本信息

地点：MS223 在南布朗克斯，在该城市最贫穷的国会选区；

年级范围：6~8 年级；

学生人数：2012 年 494 名学生；

英特尔科技教育创新学校奖：2010 年获奖者。

一　本案例的核心要点

MS223 于 2003 年正式开始招生，当时有包括新校长在内的九名教师。MS223 的生源主要来自该县最贫困的国会选区。这些学生主要住在学校附近的住房项目小区。因此，在成立之初，MS223 的使命已经超越了学习本身。学校最大的优势在于它能够利用合作伙伴关系为学生创造机会。这些合作包括耶鲁大学的夏季艺术项目，贝特·迈德尔资助的音乐项目，当地教师教育项目提供的居民教学以及为进入 6 年级的学生准备的翻新的计算机。所有的学习过程都整合了技术，差异化的小组学习也让在学习上有挑战的学生可以获得更多额外的支持，学校设计了基于学生兴趣的课程目标就是为了让更多的学生可以留在学校。

二　MS223学校取得的经验

1. 让学校变得令人满意及优秀

● 让学校变得令人满意及优秀的过程甚至在学生入学之前就开始了。MS223 的教职员工访问当地的小学，做宣讲，告诉那些已经上 5 年级的小学生们，MS223 可以为他们的中学生活提供哪些服务。MS223 的老师们还充分地调研小学生们的学习兴趣，以便更好地安排他们的中学学习。

• 学校本身的名称（金融与技术实验室学校）是学生们认为这个学校最吸引人的地方。帮助学生建立理解和学习金融的机会，主要是通过学校货币系统。学校无处不在的学习技术的机会使得学校赢得了学生的广泛支持。

• 为了向学生展示大学社会性的一面，学校重新带学生参观大学，扩展中学后一阶段学习的吸引力，激励着学生朝着能够进入大学这个目标去努力。

2. 平衡伙伴关系，使孩子们的发展更久远

• MS223 的学校领导认为：孩子们在生活贫穷时可能会做出糟糕的决定，这是因为他们对于世界能够给他们提供什么缺乏必要的远见。因此，学校把每一次能够扩展学生视野的机会都当作改变学生未来生活的一次"接触"。

• 暑期剑桥项目为学生提供了参加文化郊游的机会，例如去看百老汇演出。学校与耶鲁大学的合作项目为学校学生提供了艺术教育。暑期额外的一些教学是为了避免孩子们产生暑期学习滑坡。有充分的研究证明，对于低收入家庭的儿童来说，如果整个暑假都不学习很有可能造成孩子的学习水平大幅衰退。

• 通过与教师联盟的教师交谈，学生的学习日得以延长。此外，学校校长鼓励教师开办课后俱乐部。只要俱乐部能招到 10 名学生，他就会找到资金支持他们。

• 学校曾经帮助一名教师成为认证的作家，助理校长不断扫描数据库，寻找在更大的地区内可用的融资机会。学校成立了一个非营利组织，以获得更多资金用于课外活动。英特尔对 MS223 作为一所科技教育创新学校的认可，使得学校可以在更大范围内获得更多的资助者。

3. 数据驱动的、差异化的数学教学

• 2008 年，学校聘请了一位数学教练，帮助教师运用形成性评价数据为每一个学生不断调整教学内容。

• 学校聘用了一些常驻教师，作为学徒来辅助教师。这样，在高需求下的教室里，有更多的成人可以帮助孩子们学习。例如，在有学习困难学生数较多的 6 年级数学课堂会有两名固定人员、一名主导老师、一个特殊的教育者。

• 较高的师生比可以让老师教的班级人数少一些。老师可以依据有特殊需求的学生情况制定一些特殊的课程。这样的小组有 7 ~ 8 个学生。

• 数学教练和校长把学习的重点放在概念上。教师们发现，学生们可以通过丰富的选择找到自己解决问题的方法。

4. 社区建设和让孩子全面发展

• MS223 通过其"社区阅读"计划帮助解决南布朗克斯的低识字率问题，该计划在资源回收处提供免费图书。

• 鼓励家长通过学校的足球联赛组织建立社区。他们还鼓励家长们通过技术工作坊，创建简历以及如何进行求职的研讨会来更好地找工作。

• 校长通过传达培养学生领导力、社交能力、社交技能、情感技能的重要性，不断强化学校的愿景。一位家长解释说，"这就像经营一座教堂，冈萨雷斯是教父，他有自己的愿景。"

三 走进 MS223 学校

MS233，也被称为金融和技术实验学校，位于南布朗克斯区一幢大楼内。坐火车去最方便，学校位于两个火车站之间，从任何一个车站到学校都只需要步行 10 分钟即可到达。从南边往学校步行，我们会经过房屋项目，巨大的建筑可以从颜色或者建筑上区分开来。从车站往北，步行路则是繁忙、吵闹和多彩的。步行的道路十分拥挤，街道两旁都是名牌鞋店、彩色的遮阳棚，还有小的市场，上面写着"食品券"，这些"券"都是用大写字母写在窗户上的。进入学校后，最引人注目的是走廊：走廊里挤满了学生，像街道一样喧闹。这种噪声表明了学校的几个核心目标：使学生获得力量而不是控制他们；成为学生真正想去的学校；培养学生社交及情感健康。

MS223 中学于 2003 年 9 月在另外一栋建筑中开始正式招生，与 IS162

学校——另一所中学共用一些空间。IS162 中学有一些具有挑衅行为的学生，因此这成为 MS223 学校离开那座建筑的一个原因。在第一个学年的前几个月，一个来自 IS162 的学生在走廊里打了一个 MS223 的 6 年级学生，弄得鼻子流血。就在那一刻，校长雷蒙·冈萨雷斯（Ramon Gonzalez）决定，学校需要搬迁，以保护孩子们。2003 年圣诞节前夕，在瓢泼大雨中，基金会的工作人员开始行动，他们把电脑和书籍装在塑料袋里，防止被淋湿。几周内，教师、行政人员、秘书和保管员把大楼里的所有东西都搬到了目前这座大楼里，距离之前的建筑大约有 8 个街区。

四　MS223学校改革中的挑战和愿景

在搬进新的大楼的十年里，MS223 面临的挑战并不少。首先一个问题，搬进的新大楼之前驻扎着一所名声很差的学校，正是这所学校腾出空地来，MS223 才搬进去。因此，受此影响，MS223 的名称也并不好。并且，MS223 的学生评测分数在当时非常低；在 6 ~ 8 年级学生中，数学表现为熟练程度的学生比例为 29%，而阅读仅为 18%。学校最初聘用的九个教师中有七个是新教师，教师的流动率一如既往的非常高，学校里能力比较强的教师通常会进入学校的领导层。学校与该学区的关系一直是自我指导，而非合作。在如此多的困难和挑战下，通过冈萨雷斯校长强有力而富有远见的领导，学校发展出了非常强大的学习经验去鼓励和引导学生们学习。

MS233 来自美国最贫困的国会选区。正如《纽约时报》（New York Times）杂志所描述的，该校 90% 以上的学生住在五个住宅项目中，其中最引人注目的是帕特森住宅（Patterson Houses）。大约 70% 的学生是西班牙裔，主要是波多黎各和多米尼加裔。其余的都是黑人，有些是非洲裔，有些是最近从西非国家如塞内加尔移民。该校大约 11% 的学生是盖尔人，或英语学习者（另外 60% ~ 70% 的学生是以前的威尔士人），大约 17% 的人有学习障碍。

MS223 希望培养的不仅仅是会读、会写、会做算术的学生。校长雷蒙·冈萨雷斯自豪地说："我的目标不是培养学者。我想建立积极分子。我想培养那些能做出改变的孩子，那些能适应环境的孩子，那些平衡良好的孩子，他们知道自己的长处。这一理念渗透到学校，并在所有的努力中体现出来。这种社区意识是学校思想使命的重要组成部分，通过树立如何积极影响社区的典范和加强学校和社区文化，使学生受益。"

关注社区是该学校的一个中心目标，但是几个其他的关键因素也成就了该学校的今天。围绕学生兴趣设计学校活动，利用合作伙伴关系，让学生在学校停留更长的时间，以及使用数据驱动系统进行密集的、概念性的、高度差异化的数学教学也是关键。这些全面的努力使学校在困难的环境中取得了许多成功。

- 到 2009 年，MS223 的学生在数学领域的熟练程度的学生比例从 29% 提高到 85%，阅读测试达到熟练程度从 18% 提高到 61%。

- 在数学中，学生可以用概念性的方式而不仅仅是用程序性方式来思考和学习，对他们的指导是差异化的，这样学习就会以适当的速度和深度进行。

- 学校建立了健全的音乐和艺术项目。

- 学校领导创建了一个暑期项目，以防止低收入儿童经常经历的暑假学习滑坡，并使他们能够接触到更多的文化体验。

这个案例为我们提供了一个成功学校的视角并且通过以学校环境为中心，利用一切可能的资源创新策略帮助学生茁壮成长。

五 MS223克服挑战的良策

1. 让学校变得令人满意及优秀

使每一位学生感受到自己是独一无二的，这样之后他们就会让你感到你的教学成果的独特。

——MS223 校长雷蒙·冈萨雷斯

MS223 的学生认为他们上学的学校是一所独特的学校。让学生持有这种信念是学生在 5 年级起就参与的精心策划的活动之后的结果。每年学校工作人员都会到邻近的小学为 MS223 做一次入学演讲，向学生们解释 MS223 将提供的课程和活动，承诺他们学校的严谨性，让他们对上学感到兴奋，并征求他们对他们感兴趣的东西的反馈。事实上，正是通过与学生的交谈，冈萨雷斯校长了解到，来自布朗克斯区的学生，即使不是所有的学生，也有大部分学生喜欢学习技术和金融的想法。这些主题的强烈吸引力是将这所学校命名为金融和技术实验学校的动力。

所谓的金融是学校向每个学生收取一些象征性的费用来加入学校的中央银行，然后，学生们可以通过做一些力所能及的事情，比如展示学校的价值观，或者帮助教师做点事，就可以从学校收取的学费中挣点钱。这种方式并不是多新奇，以前也有很多学校采用这种方式，就是用给券的方式奖励学生好的行为。MS223 则是通过中央银行的方式为这种方式增加了新的层次。在2012 年的学校金融日，校长雷蒙·冈萨雷斯在接受访问中解释道："在我们的社区，金融素养并不被重视并且家庭很容易受骗，学校的目标是给我们的学生这方面的经验。"

MS223 学校也鼓励学生像企业家一样思考。学校给学生提供了锻炼的机会也就是每年的金融日。这一天是 7 年级学生项目活动的高潮日。在金融课程中，7 年级学生进行一些市场研究项目，随后开发产品概念和进行推销。该项目是与 NFTE（教授企业家精神的网站）合作组织的，NFTE 将实际的企业家和商业领袖介绍到 MS223 学校，与教师共同设计课程和活动，为学生学习金融做好相关准备。然后，学生们将所学知识应用到他们的产品创意上，在学校组织的商业博览会上做推销。此外，另外一家非营利组织"青年成就"（Junior Achievement）给学生讲授金融知识，同时还在金融日向MS223 学校派出一些企业家和其他志愿者，与学生分享他们的经历。

在 MS223 学校整个教学环节中，恰当地运用技术也帮助学生们对学校的学习更加感兴趣。学校里到处有电脑。每个进入 6 年级的学生，如果没有自己的电脑，与学校合作的非营利组织会给他提供一台翻新的电脑。学校鼓励所有教师都将计算素养和使用计算机纳入他们的课程中。每个年级都有一个技术教师。然而，学生在学习技术上取得成功的最根本方法是学校让学生参与到技术中并且与实际应用相结合。

谈到技术的吸引力，一位家长说："这所学校的每个学生都喜欢他们的技术课。"她的孩子刚刚通过编程的方式完成了一个非常受欢迎的动画故事单元。孩子完成这个事由学校的技术教师和动画工作室的老师共同指导完成。每一个学生在这门课上都会写出一个以动画形式完成的故事，画面通常都是用照片叠加在文字上的，就像一本图文小说。这个项目结合了故事写作技巧、平面设计和使用专业的动画软件来为观众创造一个产品。

访谈中学校的一名技术教师详细阐述了技术与现实世界的联系以及技术在学习过程中的重要作用。6年级时，学生会接触到一些最常用的软件——基本的文字处理、演示和设计软件，其他课程也都在学习中加强了这一设计。在7年级，学生们学习如何使用与财务有关的软件。他们学习市场研究软件，如何创建图形图像来传达信息（如产品的价值），以及如何进行图形演示。在8年级，随着学生开始学习编码和动画，他们的任务变得更加复杂。

MS223学校引导学生进入大学的方法是非常规的，学校在学生的学术方面的关注较少，而是采用了在大学看来更有吸引力的方式。在几年前刚刚有大学允许参观者去参观的时候，他们就加入了这一队伍。MS223中学当时采用的方式是：学生们白天去大学，观察课程，参观旅游，几小时后返回MS223中学。对于这种方式，冈萨雷斯先生并不满意，他认为去访问大学的经历更有可能改变中学生的人生，影响学生对大学的看法。总之，他想让大学对他所有的学生更有吸引力。于是，在冈萨雷斯校长的倡导下，学校开始与一群大学生建立联系。学校的领导们联系了大学的兄弟会和姐妹会以及运动队，然后策划了通宵旅行，目的是让他们的学生接触大学的更多社会面。尽管MS223学校的许多学生天生就被该学校对知识的严谨要求吸引，但冈萨雷斯校长经常问，"我们如何才能赢得其他学生的支持？"

2. 平衡伙伴关系，使孩子们的发展更久远

我在做帮派问题研究时，发现孩子们在早年时，15岁，或者是12岁、13岁的时候都会由于缺乏远见而存在帮派问题。如果我们能让孩

子们更早地看到他们的未来，这可以帮助孩子在做决策的时候避免产生一些缺乏远见的问题。如果你能够将学生更多地置身于他们能看到未来可能发生的情况中，这种情况下就已经对学生产生影响了。让我重新回到考虑这个经验鸿沟的议题中，做这个研究的目的是想给我们的孩子很多经验来帮助他们提高他们的眼界。

——校长雷蒙·冈萨雷斯

校长雷蒙·冈萨雷斯将注意力集中在让学生接触到能扩展学生未来的可能性的经验上。这促进了 MS223 学校许多课外课程的开发，包括夏季的艺术和音乐课程、文化实地考察、大学访问和职业日。帮助学生们发现他们自己的兴趣，消除人们对暑期学校的偏见，申请拨款，向有资源的组织寻求帮助并联合教师联盟，所有这些都让我们能够想到为学生创设这些机会将会是一个缓慢和严谨的过程。

根据公布的调查结果和他自己在芝加哥对生活在贫困中的亲人的研究，校长雷蒙·冈萨雷斯早就决定改变学生的生活。他和他的员工每天都需要花更多的时间与孩子们在一起。考虑到这一点，在与他有同样想法并且非常积极的一位教学人员的支持下，他开始与学校教师以及学校的教师工会代表进行讨论，希望改变与老师签订的合同，让老师们允许每周有三天的时间，每天增加 50 分钟的在校时间。尽管这一变化将学生的在校时间延长至下午3 点左右，但仍然不够长。学校需要课后活动，所以校长利用了学区的课后教育，并开始推动教师创建课后俱乐部。如果教师有兴趣并且可以招募 10 名学生参加课后俱乐部的非正式学习，校长将提供支持俱乐部的资金。关于这项政策，一位创始教师解释了当时学校管理对于他们的支持程度，他说："有很多工作空间可以让你实现你在教学中的任何想法。"对老师提出如此多的要求最有可能导致教师职业倦怠和离职，但根据助理校长的说法，正是对于老师的这些要求也使得学校里有一半以上的学生愿意在学校待到下午五点。

学校通过与其他机构建立伙伴关系，为学生提供更多的课外机会。例如观看歌剧或采访工程师。在 2005～2006 学年，MS223 学校启动了夏季桥梁计划，在这个计划中学生接受艺术教育，音乐培训和一些学习指导来减少暑期学习滑坡的问题——有充分证据表明低收入学生的阅读能力和数学能力下降主要是由于在漫长的暑假中缺少相关学习活动。为了防止这种问题的发生，学校设计了夏季桥梁计划来扩大学生的经验范围，给他们提供一些东西来滋养他们的希望和梦想。在这个课程中，学生们去了博物馆，观看歌剧并参加了其他文化活动。耶鲁大学通过提供多种类型的艺术教育来支持这一点，贝特·米德勒捐出许多乐器并拿出资金修建了新的礼堂。

MS223 中学通过四个主要工具实现了这些富有成效的联系：①工作人员，尤其是助理校长，不断盯住高度活跃的纽约市学区，寻求任何类型的资助机会；②校长勇于接触与学校合作的社区组织；③一名曾经在学校工作的教师被聘为学校的特聘作家；④学校创建了自己的非营利组织，更方便于获得课外活动资金。国家对学校的认可，包括英特尔科技创新学校的地区奖以及纽约时报报道产生广泛的知名度，为潜在的资助者和合作伙伴打开了大门。

关于校长的勇气及智慧，《纽约时报》写道：

> 冈萨雷斯已经表现出那种企业家思想，如果他是首席执行官他会吸引到更多人们的注意力；他加入兰德尔岛体育基金会的董事会，部分是为了获得公平竞争，更重要的是有机会聘请兼职作家为学校筹集资金，带来了一些非营利组织支持学校的课外活动，甚至租用他们的建筑空间来承保 MS223 学校为期两周的暑期学校课程。

这种建立伙伴关系的方法对于学生和家长来说都是重要的一课，即倡导自己努力和掌握资源。一位家长说，"校长雷蒙·冈萨雷斯不怕去任何地方寻求帮助，这就是他教给我们作为父母的东西。"校长雷蒙·冈萨雷斯做了许多重要的举动，他聘请专业人士向学生们分享他们的经历，组织一个常驻教师计划以改善教师与学生的比例，创建了一个非营利性合作伙伴，以挖掘不同渠道的资金——所有这些都为学校的成功增加了不同类型的支持。

3. 数据驱动的、差异化的数学

除了发展校园文化和外部伙伴关系，学校也十分重视课堂上数学能力的提高。2008年，MS223学校聘请了一位数学专家顾问，请她帮助学校改变对数据的使用状况。在专家顾问的支持下，学校大力强调形成性评估，并开始使用前测和后测来衡量学习结果。形成性评价作为教师分析学生表现的依据，教师利用形成性评价与专家顾问和同行教师讨论如何改进教学实践，使学校从多选题的答案转向让学生写出自己的回答来解释自己的想法。这种微妙的转变，虽然对分数的要求更高，但它不仅是对学生学习的一种更严格的测试，而且事实证明这种方式不那么具有惩罚性。学生们更有可能因为他们的部分回答正确而获得部分学分。学校的一位特殊教育工作者解释了这种变化，他表示这种变化表面上看起来似乎微不足道，但对学习障碍的学生有很大的不同。她的许多有学习障碍的学生，尤其容易犯小错误，从而导致不正确的最终答案，这类学生通过这样的测试方式可以看到自己做对的部分从而在情感上有所受益。

一个老师解释说：

> 在数学专家顾问和驻地教师到来之前，学校会给学生们上一节较短的迷你课，然后他们会以小组的形式进行学习，小组内一般会有一名老师和六个孩子。现在我们正朝着一个目标前进，并将它区分为三个层次，我们每个人都处于不同的层次。当（特别教师）在课堂上，我们可以把最需要帮助的人分出去形成第四组。

驻地教师的战略性使用是MS223学校能够创造这个与众不同的小群体的原因。作为认证的一部分，一些教育研究生院允许他们的学生作为兼职的学徒教师或驻地教师。通过与"为美国而教"的成员的对接，帮助学校与一个特殊的教师教育项目建立了联盟，教育项目现在会将驻地教师送到MS223那里。主要目的是通过让驻地教师与老师一起授课来培训学校教师的教学专业能力。他们全学年都在承担越来越多的责任，并通过实践来学习。

这项工作产生的有益的副产品是它们大大提高了师生比例。这个比率影响着更优化的比例，因为教授的学生越少，教师越能够以适当的速度介绍内容，并根据学生的需要使用恰当的策略。

除了在数学课上为学生提供重要的支持，MS223 正从过程性地教授数学转向概念性地教授数学。一位数学老师解释说："现在我们从不教授一个过程，也不强调孩子们需要知道一个过程，但更多的是他们自己概念化地去做，自己去搞清楚一个过程，这样学习的内容就和一个意义联系在一起了。"正如一位老师所说，"我能更快地看到亮点。"我喜欢它是因为它给孩子们提供了选择。你可以画一幅画，只要你喜欢，你也可以用一个算法实现。从这个意义上说，这种观念对那些需要以自己的方式产生想法或交流他们的理解的学生来说，这是一种非常强有力的支持。数学专家顾问和数学老师为了给课堂教学注入更多的批判性思维，学校最近采用了一种新的课程来支持他们将教学的终点集中在概念上。冈萨雷斯校长总结了学校的愿景："今年的目标是让我们的孩子进行批判性思考。"

4. 社区建设和让孩子全面发展

我们的目标不是把这些顶尖的孩子从附近隔离开来，然后给他们这个假邻居，告诉他们如果我们把他们从邻居中隔离出来他们会做得很好。不，社区是一项资产。我们必须学会如何利用社区让他们学习。

——校长雷蒙·冈萨雷斯

MS223 学校的一个典型特征是它对当地社区的包容。对学校工作人员来说，通过教学来改善社区是很重要的一个理念和目标。通过教学让学生们了解他们所在的社区，并努力改善它。校长雷蒙·冈萨雷斯简洁地说，"如果你不把社区和学校放在一起，你就解决不了问题。"

在南布朗克斯区的许多严重问题当中，年轻人和成年人的识字率极低是最严重的问题。学校工作人员指出，产生问题的重要原因之一是该地区的图书馆资源不足，并且使用过度。此外，没有一家书店。由于缺乏阅读材料，社区阅读计划应运而生。学校在六个社区网站上免费提供书籍，人们可以免费阅读，但要一周内还书。校长解释说："我们的想法是让人们习惯于阅读。"

MS223 学校还积极为家长组织活动，加强社区文化建设。学校成立了一个家长足球联盟，以鼓励家庭之间的积极关系。学校还举办研讨会，教家长们如何使用技术、制作简历和找工作。学校目前正在与慈善中心建立关系，开始向家长提供营养学课程。

学校对于改善社区水平以及帮助家长的努力也说明了社区建设对学生的重要性。当被问及 MS223 学校最特别的地方时，学生们首先想到的是他们的老师与他们建立的关系。学生和老师描述了他们之间的纽带，这帮助学生在社交和情感上都能够健康发展。

校长雷蒙·冈萨雷斯解释说：

> 总的来说，我们有很多学生。我们的能力就是教会他们如何与如此广泛的人（同龄人）相处，我认为我们在这方面做得很好。我认为这和学校的结构有很大关系。很明显，校长雷蒙·冈萨雷斯和他的许多工作人员都非常关心如何支持孩子们，不仅仅是教他们学术知识，更重要的是培养他们的全部能力。这种普遍的理念主要是培养一支致力于独特而强大的学校文化的教师队伍。尽管有时候需要使用一些压力策略，以使每个人都与学校的整体愿景保持一致。

校长雷蒙·冈萨雷斯提供了一则轶事来说明这一点。校长雷蒙·冈萨雷斯在观察他学校成绩优秀的一位老师后，在该教师的报告中写道："我没看到女孩们说话"。老师似乎并不认为这很重要。校长继续说，从理念上来看我们处于不同的目的。因为他的信念是老师在这里应该做任何他们想做的事，只要他们得到结果。我的信念是，我们不是在这里看考试成绩——我们是在这里培养公民，我们是在这里建立领导者。我希望女孩们说话，因为我希望她们将来成为领导者。对于 MS223 学校的大多数员工来说，考试成绩不是底线。他们学生的未来才是最重要的。

六 MS223学校案例的结果和启示

MS223 学校的员工致力于一项艰巨的任务：极其严格的学术目标，金融与技术实验学校旨在为学生提供一个明亮的世界，充满艺术、音乐和文化并为那些努力的人提供机会。学校的学术成就基于学生看到技术使用的价值性、实用性和适用性等重要性，包括阅读和数学熟练程度的显著提高，以及整合到所有科目中的技术学习的发展。

MS223 发展战略的一个关键点是密切关注学生的兴趣，并围绕这些兴趣塑造学校。通过金融活动、技术资源、参与课外俱乐部、文化课程和大学访问，使学校成为学生乐于成功的地方——使得 MS223 学校的学生们对放在他们面前的任务都有极大的意愿去更努力地完成。

作为一个大地区，既有优势也有劣势。学校缺少去影响地区政策的机会，但是学校可以通过纽约教育部门在资金和资源上争取到更多的支持机会。MS223 学校开发了一整套有效的方法，引入新的资金来丰富学生的体验：①密切关注资金数据库；②将一名工作人员转变为特聘作家；③创建一个非营利组织以获得额外资助；④自愿与任何有意愿资助他们的学生和老师的人建立伙伴关系。学校的合作伙伴关系使得很多项目得以达成，包括暑期和课后计划以及提高的师生比例，这对于实现学校用于确保真正以学生为中心的教学模式和差异化教学至关重要。

这种密集型模式是有成本的，尤其是教师职业倦怠。例如，自 2010 年因数学教育卓越而获得英特尔优秀学校奖以来，学校的全部数学人员已经不够用了。为了保持创新活力，MS223 学校专注于培养其驻地计划教师，旨在将该计划中的当前学徒转变为全职角色。尽管如此，学校面临着持续的挑战，即在 MS223 学校使教学更具可持续性，同时保持学生和教职员工之间的关系质量以及教师参与课后计划的程度。

"现在我们从不教孩子们一个过程或者强调孩子们需要知道某一个过程，但是我们更强调学生要概念性地理解和去做一件事情，然后自己挖掘出一个过程，这样就可以使其有意义地学习。"

——MS223 的一位数学教师

展望未来，学校领导将继续跳出框框思考，为他们的孩子开发资源和寻找机会。当学校心灰意冷地从毕业生那里得知自己的高中生活质量很差的消息后，MS223 学校将很快扩展到高中继续为学生生活提供支持。冈萨雷斯校长甚至打算做得更多。他担心家庭生活最困难的男孩所需要的帮助远远超出了 MS223 学校目前所能提供的内容，因此他打算建立一所寄宿学校，为他们提供住宿和教育。在改变生活的事业中，总有更多的事情可以做。

第五节　案例5：法明顿风景小学

学校的基本信息

地点：法明顿风景小学位于俄勒冈州波特兰市以西 20 英里处，距离希尔斯伯勒市中心 4 英里，在一个靠近农场和自然风景区的乡村地区；

年级范围：幼儿园至 6 年级；

学生人数：2012 年 208 名学生；

英特尔科技教育创新学校奖：2011 年获奖者。

一　本案例的核心要点

法明顿风景小学拥有稳定的教学人员，有据可查的学习成果和强大的社区。2001 年，希尔斯伯勒学区聘请了一位新校长，他将科学视为一个可拓展提升的领域。通过对社区中可用的人力资源和自然资源进行资产图绘制，学校制定了 STEM 的教学策略，该策略始终坚持将环境研究与丰富课后学习相结合。

二 法明顿风景小学取得的经验

1. 资产图：人力资源

● 学校强调每位家长都拥有丰富的可与孩子分享的实践知识和经验。

● 前任校长开始与所有家长见面，并确定他们可以为学校做出贡献的技能和能力，特别是可以用于课外活动中的技能和能力。父母有机会帮助学生重塑学习，而不是做一些琐碎的工作。

● 承认小学教师不能成为他们教授的每个科目的专家，学校向社区专家求援，将社区专家们的技术专长——例如建筑学——融入学习经验中。

2. 资产图：自然资源

● 学校与杰克逊地下湿地保护组织建立了合作关系，并为学生设计学习项目，以便学生开展类似于动物种群追踪这样课题的初步研究，以及相关内容的实地考察活动。

● 法明顿风景小学不断发掘可以供学生在户外学习的机会，它已经投入了 2 年的专业发展时间去学习如何将户外体验与具体严谨的科学目标相结合。

● 由于学校毗邻一个有多种鸟类的大池塘，工作人员创建了一个观赏园，里面带有喂鸟器，为学生提供园艺机会和供学生观赏野生动物。

● STEM 教育聚焦于观察世界几乎涉及的所有学科。例如，一位老师鼓励学生识别掌纹和贝壳上的线条以加强他们对角度的理解。

3. 独特的掩蔽式教学指令

● 2011 年，学校有意将教学重点放在 20% 的西班牙裔学生与大多数白人学生之间的成绩差距上。

● 学校教师接受 SIOP（掩蔽式教学指令观察法则）培训，帮助教师重新设计课程，使有语言困难的学生更容易参与到学习中。

● 教师采取一贯的教学策略，如用白板检查学生们的理解，在课程开始前带学生复习已学过的知识等。

4. 大胆的追求和克服地区压力

● 法明顿风景小学作为一个独立的学区几十年了。当它被合并到希尔斯伯勒学区（HSD）时，社区对于失去的自主权表示强烈反对。

● 自整合以来，学校一直努力保持自己的观点，并为学生提供有意义的 STEM 体验。

● 通过参加英特尔优异学校颁奖仪式，该学区现在正在使用法明顿风景小学作为 STEM 教育创新的孵化器，并正在确定移植其最佳实践的最佳方法。

三　走进法明顿风景小学

法明顿风景小学位于俄勒冈州波特兰市以西 20 英里处，就在希尔斯伯勒城的南面。尽管学校距离希尔斯伯勒市中心只有几英里远，但据家长们和工作人员说，这里的大多数商业是这样的：感觉更遥远，更孤立。这种看法并不奇怪；为了到达学校，我们驱车数英里，途经繁茂的绿色植物和广阔的农场。学校的前面有一个很大的池塘，有许多鸟儿在空中飞翔，使学校看起来好像是在大自然的包裹之中。在学校周围观察，我们禁不住在学校建造的"野生动物观察花园"中停下来。这个花园建在湖边并且有一幅巨大的风景壁画。值得注意的是，这个观景园曾经是学校的垃圾场，有超过 50 年的垃圾堆积，杂草丛生，灌木遍地。创建这个花园的目的是把一个难看的地方变成一个美丽的地方，一个环境学习的户外场所。

在学校的另一边是一个精心修剪过的足球场，这是一些父母用拖拉机辛勤工作的结果。太阳能电池板支持着足球场旁边的一块大屏幕，用来监测学校利用了多少能源。不用在大楼里走一步，我们就可以推断出学校的几个最完整的原则：利用丰富的自然资源来了解世界，鼓励学生们成为敏锐和有思想的观察者，同时注重利用家长的努力和能力。

法明顿风景小学的故事并不是一个绝对的转变。这是一个从优秀走向卓越的学校故事，通过为其本已和谐的公共学校环境增加了非常有经验的教师来对学校做了进一步的改变。当首次问及是什么使得法明顿风景小学如此特别时，当前的校长罗杰·威尔（Roger Will）立即提到了该学校教师团队中

八名教师总共 213 年的教学经验。这八名教师（平均每人 27 年的教龄），
3/4 有硕士学位。另一个优势是，学校里的孩子一贯表现良好，有才能的老
师对此也有贡献。但是家长和管理者更愿意把缺乏行为挑战的现象归咎于紧
密联系的学校社区。罗杰·威尔校长解释说："这不仅仅是一所恰好就在我
们的社区里的学校，它有点像社区，是群体中心。"因此，家长们总是在为
学校帮忙，觉得自己有能力帮助孩子们加强正面的公共规范。

法明顿风景小学具有几个关键优势。一个优势是它无意中从其他学校招
收了有进取心的学生。在大多数情况下，希尔斯伯勒学区不允许家庭选择学
校，这是一项措施，以防止在少数学校集中能力高的学生。然而，这一普遍
规律有一个例外。如果父母正在为他们的孩子寻找一种只有在一所学校提供
的特定类型的项目，他们可以转校。通过他们的拓展数学项目和工程项目，
来自该地区的积极性很高的家庭得到了批准，可以转到法明顿风景小学。所
有符合该地区的指导方针的学生都得到了转学的许可，而不仅仅是那些最好
的和最聪明的学生。一名家长教师联谊会成员估计几乎 1/3 的学生已经转
学。此外，法明顿风景小学的家长组织每年筹集足够的资金为学校的拓展数
学项目的教师支付学费，这些额外的教育工作者是学校数学成功的重要组成
部分。这所学校的另一个重要优势是由英特尔提供的。英特尔公司的位置恰
好在学校附近，这样有利的位置关系促成了二者强有力的合作伙伴关系，英
特尔向学校提供了技术支持、大量的导师和志愿者工作时间，并支持学校技
术博览会等项目。这些优势并不影响学校所取得的成就。重要的是要记住，
这些非常特殊的基金会，它们非常罕见，很难复制，对学校的发展很有帮助。

四　法明顿风景小学发展中面临的挑战

2001 年，比尔·特雷西成为法明顿风景小学的校长，并成为今天学校
发展的重要推动力量。当他就任时，学校已经有了经验丰富的老师，这是自
成立以来第六年的拓展数学课程，同时该学校还拥有乖巧的孩子，以及家长
积极参与的社区。然而，在他掌舵的十年时间，他没有对现状满足。比尔·
特雷西校长将大部分精力投入学校科学和 STEM 教育的重点建设上，将学校的

这一方面转变为学校的强项。

在他领导的第一年，比尔·特雷西校长看到了稀缺的资源和一些没有获得资源的教师。这些教师不知道在哪里获得或者不被支持去获得恰当的资源去做更深入的科学探究。由于资源匮乏，而且缺乏对如何以有意义的方式去教授科学，科学这门学科似乎法明顿小学根本就没有讲授。比尔·特雷西校长声称，如果仅仅依靠教科书或有少量耗材的科学工具包，在他看来，这"可能是教授科学最糟糕的方式"。他相信并且强调要学习科学，"你必须真正沉浸在真正的科学中。"

在学校确立 STEM 教育重点时，比尔·特雷西校长着手确定学校可以利用的所有可能资源。10 年后的结果是一项 STEM 活动计划，让学生进行真实的野生动物研究和实地考察。这些努力生成了一门崭新的科学课程，并且这门课程始终将当地环境研究与学习目标相结合。生成了一个内容丰富的课后计划：利用家长和社区成员的专业知识和激情，为学生提供应用经验，成为补充他们学习日的额外学习机会。最后，它产生了一个贯穿所有主题的统一的学习愿景，促使学生小心观察并将周围的每件事物视为满足好奇心和学习的机会。

比尔·特雷西校长的继任者将于 2011 年来到这所刚刚获得英特尔卓越科技教育创新奖的学校。像他的前任一样，罗杰·威尔校长将着手确定他的教学人员面临的挑战以便可以继续为学生提供更好的服务。他确定，尽管法明顿风景小学有着丰厚的教学实力和丰富的机会，但并非所有学生们的需求都能够被满足。由于 20% 的西班牙裔人口，其中许多人是移民工人的子女，学校有大量的 EL（英语学习者），10% 的学生需要特殊教育服务。为了让所有学生都能学习，罗杰·威尔校长开始运用掩蔽式指令实践以促进教师专业发展，为英语学习者提供严格的学习支持。这是学校的下一个发展台阶，虽然已经开始但还有更多需要改进的地方。

五　法明顿风景小学迎接挑战的良策

1. 资产图：人力资源

前校长比尔·特雷西不会承认曾经使用过这些词语诸如"资产图"来

描述他的工作。尽管如此，老师和家长仍然将这些词语与其影响归因于比尔·特雷西先生的努力。根据现任教师的情况做出资产图，是识别有用资源的过程，无论是人、组织还是社区内可用的环境。

法明顿风景小学的资产图历史始于家长拥有丰富的实践知识，工作技能和经验以及与孩子分享的观点。然而，据比尔·特雷西先生说，家长经常逃避在学校帮忙的原因是，给予家长的是一些琐碎的任务，而不是那些令人兴奋、充满智慧的以及为领导和大框架设计提供真正机会的任务。像学生一样，家长需要有自主权来尽自己的最大努力。当然，对于一些学校来说，找到具有技术技能并且可以与孩子们分享的家长就有一定的困难，尤其是STEM 领域的专业知识。然而，事实是在许多学校，有很多家长有这方面的能力但是未得到充分利用。比尔·特雷西先生解释说，你必须更深入一点，询问所有家长能提供什么，我们如何利用他们的才能和技能？正是这种想法让志愿者招募更进一步，而不仅仅是让家长参与评分工作表或类似的东西。考虑到这一点，比尔·特雷西先生决定尽可能多地与家长见面，问他们能够为学校做些什么。

一位家长讲了一则轶事来说明这一点。他说他"来自另一个希尔斯伯勒学校，甚至从未与校长交谈，也没有这样的机会"。然后他与法明顿风景小学对比："我第一次见面时，比尔·特雷西，他对学校非常兴奋……他告诉我学校里的实际情况是什么样子的，询问了我是做什么工作的。"接下来他知道的是，这个教师正在运营一个课后工程俱乐部。这个故事被一遍又一遍地复述。事实上，学校的家长座谈会称比尔·特雷西先生为"连接器"，就好像他把整个社区视为一组拼图，每一部分他都会试图以一种有意义的方式与学校建立连接。

这种方法的产物是开发了超过 25 个相当受欢迎的俱乐部：包括几个乐高机器人团队、摇滚俱乐部、机器人俱乐部和儿童拯救地球俱乐部。这些俱乐部都会在放学之后开放。根据比尔·特雷西先生的研究，孩子参加的课外活动越多，他们在学校的表现就越好。如果学生落后，学校鼓励家长在放学后让学生加入阅读和数学辅导课程。学生们并不认为这是一种惩罚，因为大多数学生参加了课外活动，而且教育工作者也很努力确保课外活动与课内学习不同。值得注意的是，几乎所有的学生参与了这些课外活动。

法明顿风景小学利用的另一个社会资源是当地社区成员，他们是各自领域的专家。当被问及学校的教学优势时，罗杰·威尔校长首先提到了学校利用专家将他们的知识带入学校的能力。他解释说，（我们的老师和过去校长）真正擅长的是找专家进来支持他们的工作……当你是一名小学老师时，你可能会有一种特别的爱或激情，但你必须成为现场的约翰尼。因此，他们发现艺术领域、野生动物保护领域、工程和建筑等领域的专家年复一年地参与进来，并将他们的专业知识与教师的课程相结合。例如，每年建筑师来到法明顿风景小学与孩子们一起待 4 ~ 5 周。正如罗杰·威尔校长所描述的那样，学生不仅可以拜访"具有最高专业水平的人"，而且老师也是如此。罗杰·威尔校长解释说，"老师们，他们像学生一样正在学习。"因此，这些教师通过与这些专家长期合作，不断获得职业发展机会。

2. 资产图：自然资源

每所学校都可以在校外获得自己独特的学习机会。对于法明顿风景小学来说，最明显的自然资源是位于学校以北几英里的杰克逊地下湿地保护区。根据其网站上的资料，"该湿地保护区是太平洋西北地区与湿地和水生教育有关的信息和服务的首要资源中心。"就像特雷西先生的大量资源网络一样，所有这一切都要求建立关系。他说，"当你来到他们面前说这就是我们想要做的事情，我们需要一些帮助，你收到回复的频率和人们愿意支持你的情况令人惊讶。"

计划很快就开始了，因为学校的工作人员很高兴运用湿地主题来教授科学。学生们开始在那里开展初级研究和实地考察。他们的一项重大研究工作是动物种群追踪。考虑到由于某些物种的种群数量在下降，学生们开始进行实验，以测量和估算湿地保护区不同地方动物的种群数量。这需要学习如何根据动物的轨迹识别动物，创建跟踪站，并解释数据以推断某些动物最常见的位置。为了确定有哪些动物和有多少动物生活在保护区的不同区域，学生们建造了隧道装置。进入的动物被导航到捕获其足迹的条带上。学生们分析该足迹，以确定生活在该地区的动物类型，并根据足迹的数量，对某些地区动物种群的总体大小进行推断。

学生还有机会通过在湿地中解决问题并进行积极干预来体验影响环境的结果。学生发现的一个问题是该地区红腿青蛙数量急剧减少。根据比尔·特雷西先生的说法，"只有某些植物可以让红腿青蛙产卵"，而这些植物的数量减少了，因此可能红腿青蛙的数量也减少了。为了解决这个问题，学生们开始在湿地的一块沼泽地上工作，由于法明顿风景小学的吉祥物是山猫，之后这块沼泽被命名为山猫沼泽。在沼泽地种植灌木和树木2~3年后，学生们已经有证据证明红腿青蛙已经返还到他们改善后适宜栖息的沼泽中来了。

通过他们在杰克逊地下湿地保护区的工作，学生们不仅学会了如何进行环境科学研究，还获得了许多其他好处。他们通过理解问题并努力解决问题，从而产生了一种可以影响现实世界的感觉。他们将课堂上学到的东西与现实世界建立了联系，并对科学产生了更深的兴趣，他们一直坚持开展这些项目的研究，并对野生动植物保护产生更强烈的认识。

通过学校与杰克逊地下湿地保护区的合作，为学生创造了其他学习机会，包括在马德森营地建立一个环境日露营，期间，法明顿风景小学4年级和5年级学生探索该地区的动植物。湿地教育专家Sarah Pinnoch帮助该学校建立并领导了青少年自然俱乐部，并将其作为5年级和6年级学生课后计划的一部分。进行鸟类调查和栖息地恢复的研究之外，学生们还开发了一个可以鉴定植物和动物的指南。湿地保护区的工作人员为学校教授所有年级的湿地科学课程，并参加学校的年度研讨会，该研讨会强调了学生在科学、技术、工程和数学方面的成就。

虽然这些经历无疑会促进学生开展高度有价值和有意义的学习，但其中一个挑战是难以使这些学习与老师们所要讲解的学校课程重点相联系。蒂特先生解释说："承担着如此大的通过测试的压力，这是一个很难做到的事情。有些学校完全放弃了科学……所以这很难……做这些事需要付出真正的努力和大量时间。"他继续说道，"我们尽可能地将我们的科学课程与我们在（自然）所做的事情相匹配。它不一定完全匹配，但它很接近。"对于一些学习单元，教师必须非常有创意。例如，为了满足该州 2 年级学生学习鸟类的需求，学校在观察花园中悬挂喂食器并利用附近农民种植黑帽浆果（类似于黑莓，对鸟类有吸引力）的机会在花园和池塘附近观鸟。2 年级学生成为初级观鸟者，用双筒望远镜了解鸟类的形态、食性和其他行为。

比尔·特雷西先生认识到将这些单元的自然经验与具体的科学目标结合在一起的困难。为了让真正的科学学习成为每一间教室的组成部分，他最终为教师们提供了两年的专业发展，重点在于设计利用环境的课程。通过增加培训和教学训练，教师们为学生提供更多的机会来检验假设，实践基于探究的科学，像真正的科学家一样思考。

3. 独特的掩蔽式教学指令

法明顿风景小学借助其 STEM 项目的实施，开始寻求在其他领域实现突破。在第一年的大部分时间里，罗杰·威尔校长都在观察课堂，他确信并不是所有的学生都在学习这些材料。他解释说，"有些学生很难获得学习内容，有时是词汇，所以你的课程计划要建立在确保你利用了学生已有知识的基础上以及其他的差异化教学实践经验。"他继续说道，"学校的工作人员，因为西班牙裔学生和白人学生之间确实存在差异，他们真的说，'那么，我们需要做什么不同的事情呢？'我说我们真的需要进行 SIOP 培训。通过这些解释和对话，学校开始了为期 6 周的关于 SIOP 的高强度培训，简单来说这些培训实际上提供了很多关于如何提供面对所有学生的所有内容的最佳实践。"

学校新的重点是让所有学生都能接触到学习，一种方式是经常进行非正式的学生理解水平考察。例如，许多老师让学生用白板记下自己的理解或者问题，并以此作为形成性评估的工具。这可以帮助老师看到班级里面有多少学生理解了这堂课，并确定在课程结束前谁需要额外的帮助。其中一名教师表示，"我认为教学最重要的部分是你必须一直开放和尝试新事物，而不是一直只做一件事。法明顿风景小学教学的员工拥有丰富的经验，但他们仍然表现出愿意通过尝试新事物来扩展和提升他们的经验。"一位有洞察力的家长也注意到了这一点，评论道，"有一种心态，'如果以前没有尝试过什么，为什么不试试呢?'"

4. 大胆的追求和克服地区压力

多年来,法明顿风景小学大胆探索未知领域,为学生创造宝贵的学习体验。然而,面积较大的学区已经把重点放在了 K - 12 年级学生中更一般的群体上,因此,他们期望所有学校都采用一致的教学方法,以纠正较低的阅读、写作和数学考试成绩。这些政策与法明顿风景小学的学生需求不一致。法明顿风景小学拥有很高的考试分数,是该地区唯一一所连续六年获得州特别评分的学校。幸运的是,工作人员决心创建一个基于经验的 STEM 项目,让学生用科学的方法不断地探索自己的世界。比尔·特雷西先生努力与地区建立合作,同时坚持这个愿景。最终希尔斯伯勒学区更多地了解了法明顿风景小学在 STEM 学习方面的成功,并开始将这所学校视为最佳实践的典范。

在比尔·特雷西先生任期的大部分时间里,学校和地区的关系有些不稳定。一个关键原因是对许多人来说,多年来,法明顿风景小学一直就是作为一个独立的学区存在的。所有的决定都是在学校级别做出的,学校的家长们能够感受到他们的声音被学校重视。20 世纪 90 年代末,俄勒冈州推动将小的地区合并成大的地区。当法明顿风景小学最初被引入更大的地区——希尔斯伯勒学区(HSD)时,比尔·特雷西评论说,许多社区成员"踢来踢去,叫嚷着"。他接着说,"人们对这个大一点的学区确实不信任。对他来说,这在一定程度上是合理的,因为每当学区偏离希尔斯伯勒学区课程去追求学生认为最好的课程时就会受到阻力。"

比尔·特雷西先生承认大规模购买课程、专业发展、教科书和其他资源可以节省成本,但他发现,某些要求限制了学校的发展。"这些是你要用的材料,这是你要花多少时间在上面,这是你要怎么教它"……这些规定对资深教师来说是相当令人窒息的。

俄勒冈州和其他许多州的地区整合一直饱受争议,一些人像特雷西先生一样认为它扼杀了学校层面的创新,以换取"规模经济购买力"。现任助理总监说,俄勒冈州政策研究所的教育研究员 John T. Wenders 博士写道,整合背后的想法是,地区将收获规模经济、降低成本、提高效率,并保持其他一切不变。现实情况是，整合把自主权从父母和学生身上吸走，变成自上而下、集中化、僵化的政治安排。

比尔·特雷西对法明顿风景小学的设想是：学校改变教授科学的方式，把学生与周围的世界联系起来并将科学探究纳入学校的各个领域。不幸的是，希尔斯伯勒学区并没有把科学学习放在同等重要的地位。比尔·特雷西断言，"我在法明顿风景小学的使命是做我知道我们能做的，做得很好，并克服该地区可能摆在我们面前的障碍。"比尔·特雷西不愿放慢学校的发展速度以满足学区的需要，他发现自己经常与学区谈判以确定保持学校发展的灵活性。

然而，该学区本身已经适应了法明顿风景学校正在学习的东西，并且已经开始以新的视角看待法明顿风景小学。比尔·特雷西将这一转变归因于法明顿获得英特尔科技教育创新学校奖的那一刻，该奖项验证了它的进步，尤其是在科学领域。这个仪式对参加希尔斯伯勒学区考试的学生产生了深远的影响，他们重新审视了自己对 STEM 学习的看法。比尔·特雷西先生说，"在那之后，这是一个转折点"，从那以后，这个地区指派的校长将会帮助这个地区采纳他的学校的课程；现在，法明顿风景小学被视为 STEM 教育创新的孵化器。希尔斯伯勒学区计划将一些法明顿学校的教室变成"实验室"，校长补充说，其他学校的教育工作者可以参观他们的 STEM 教学。

六　法明顿风景小学案例的结果和启示

比尔·特雷西在法明顿风景小学任职期间，标准化测试从未提上学校的教学议程。尽管如此，在每一年的测试中，学生都表现出很高的熟练程度：2011 年，3~6 年级学生的熟练率在阅读方面超过 95%，在数学方面超过 88% 和科学方面超过 93%，每方面都大大高于州平均水平和人口统计学相当的学校的平均水平。除了通过评估内的技能测试之外，法明顿风景小学的学生还通过现实世界中的应用科学知识来不断提升解决问题的技能。标准化测试很重要，因为根据比尔·特雷西先生的说法，标准化测试往往是学校在课堂外学习不足并让学生有机会做"真正的科学"的原因。法明顿风景小学的方法细致而复杂，但值得特别关注的因素是：①判定并不断寻找和追求自然和人力资源；②使学习过程"真实"并置于有意义的环境中，这将毫无疑问地培养学生对学习的更大兴趣；③促进教师的专业发展，帮助教师将现实世界的学习融入核心科目。

并非所有学校都拥有法明顿风景小学的资源。例如，许多学校没有那么多对 STEM 感兴趣的家长和课后俱乐部；很多学校也没有距离学校仅仅几英里的湿地保护区，用以教育孩子们了解当地的野生动植物以及学习环境问题。然而，特雷西先生强调的信息是，大多数学校确实拥有他们从未考虑过的资源。例如，他感到震惊的是，学校工作人员仅是"走向他们并说这是我们想要的，我们需要一些帮助"，便会得到当地专家的积极回应。当地专家很愿意花大量时间在学校，并乐于与学生和老师一起工作。

除了资产图之外，教师的大部分努力和成功是专业发展的结果，特别是在将体验式学习、阅读和数学融入科学教学方面。当被问及学校如何在花费一整天进行野生动物研究和实地考察的同时保持如此高的考试成绩时，特雷西解释说，几乎所有涉及的科学项目都可以通过测量和解释数据以及补充非小说阅读来提供与数学结合的机会。此外，通过将有意义的任务纳入课程，学生会更加积极参与并有动力在项目的每个相关部分进行更深入的智力努力。

法明顿风景小学的教学人员在将经验与学习课堂新实践的意愿结合方面是独一无二的。几十年来，学校从未在教学或行为问题上挣扎，教职员工不断寻找可拓展的领域，然后投入于教师能力发展以支持这些领域。在开发了从课堂到观察花园，从湿地保护区到高丰富度的课后俱乐部的 STEM 体验之后，学校接下来的任务是提高并满足每个学习者个人需求的能力。

第二章
"全国十佳科技教育创新学校"案例

基于英特尔"科技教育创新学校奖"（SODA）评选在美国产生的良好效果，中国科协与英特尔（中国）有限公司深入合作，借鉴"英特尔科技教育创新学校"的评选成果，从 2010 年开始设置"全国十佳科技教育创新学校奖"。这是我国首次在全国范围内开展优秀学校的评选。自实施以来，已经在全国评选了近百所学校，在全国产生了良好的示范效果。

评选采用自下而上的方式进行，所有参选学校由各省负责报送。中国科协组织专家对报送材料进行初审，初审完成后，专家们将对评分最高的十所学校（6 所中学，4 所小学）开展入校考察工作。入校考察中，主要考察学校的科技教育基础设施、学校的课程资源、学校的科技教师情况等方面。考察合格的学校将入选当年的"全国十佳科技教育创新学校"。"全国十佳科技教育创新学校"评选的过程中重视学校在科技方面的特色，与美国的英特尔科技教育创新学校评选有相似之处，同时也有中国自己的特色。自2010 年以来，几乎全国各地都有学校入选"全国十佳科技教育创新学校"。在这一部分中，本书将我国比较有特色的已经入选"全国十佳科技教育创新学校奖"的学校案例进行分析，希望可以获得一些有价值的经验。

第一节　案例1：福建省泉州师范学院附属小学

泉州师范学院附属小学是一所历史底蕴十分丰厚的学校，具有百年历史。其在百年的发展中，不断与时俱进，突破自我，目前已然发展成为一所极具有代表性的以学生的全面发展为核心的先进小学。近几年，随着科学技术的不断发展和进步，泉州师范学院附属小学抓住机遇，利用自身打下的基础，重视对学生科学技术方面的培养，取得了不菲的成绩。2013 年泉州师范学院附属小学被评为"全国十佳科技教育创新学校"，并在随后的时间继续推进学校科学教育的发展，其科学课程的发展也越来越具有代表性。

一　卓有成效的教师团队

（一）专兼职比例协调

泉州师范学院附属小学的科技教师队伍一直都比较稳定，科技教师的人数也逐年增加，目前已经有专职的科技教师 8 位。泉州师范学院附属小学极其注重师资队伍的培养和引进，有的教师是从泉州市骨干教师中聘请的，同时又招进了一些具有本科学历的教师，增加教师的新生军力量，促进科学教师老、中、青三代的协调发展。

在科学教学的过程中，随着泉州师范学院附属小学的科技教育的不断发展，他们的专职科技教师也出现了一定程度上的不足。他们在稳定专职科技教师的基础上，借鉴兼职科技教师的力量，发展出一套专兼职教师比例协调发展的科学教师队伍。泉州师范学院附属小学以 8 名专职教师为主、6 名兼职科学教师为辅，共同推进学校科学教育的发展。在课程开展过程中，泉州师范学院附属小学尽可能由专职的科学教师担任课程的开发和讲授工作。兼职科技教师主要起到辅助作用，一般来说，兼职科学教师一周有 13 ~ 14 课时，加上兴趣班就有 16 ~ 17 课时。这样，兼职教师的课时量并不算高，能够更好地调动兼职教师的积极性，同时课程设计等以专职教师为主，有利于学校科学课程理念等的落实和更加稳定及持续发展。

（二）研习推进教师专业发展

泉州师范学院附属小学开发了针对教师的专业成长的活动和成长手册，以推进科学教师的专业发展。如何促进教师的专业成长是学校非常重视的议题。学校设置了一个专门的校本研训活动，校本研训主要从两个层面开展。

一是从学校层面，学校自身准备的科学教师研训，学科带头人向大家传递教学经验，专职教师对兼职教师进行培训，教师团队的互相研习等。二是和高校合作，比如与泉州师院的合作，泉州师范学院的教授给予附属小学的老师们在成长过程中的指导和引领，特别是理论知识层面的传授，从而促进学校科学教师教学能力的提高和专业教师队伍的成长。同时，学校开发了专门的青年教师成长手册，即通过各种各样的活动，比如说青年教师的技能比赛等，促进青年教师的专业发展。

采取"请进来""走出去"的做法，泉州师范学院附属小学也会请外面的专家到校开展专题讲座；同样的，泉州师范学院附属小学的老师很多也走出去到其他学校开展讲座，也在学校里与家长、学生一起召开座谈会。用这种方式，促进了学校科技教师的对外和对内的交流和成长。

二　丰富的课程资源

（一）校内科技馆和植趣园

泉州师范学院附属小学最大的资源优势在于学校拥有自己的一个校内科学技术馆。校内科技馆由上海科技馆的设计人员帮忙设计和策划，科协、泉州市科技馆和学校等多方筹资完成。这所科技馆主要由包含声、光、电等多方面知识的展品组成，展品以动手操作为主，面向全校的师生开放。科技馆包含一个标本馆，馆内藏有动植物标本，同样面向全校师生开放。科技馆和标本馆是科学课程开展的有效资源，泉州师范学院附属小学拥有这样的资源，科技教师开发了一些基于学校科技馆和标本馆资源的科学课程，也可以随时带领学生去科技馆和标本馆中开展学习。对于一些课堂上完成不了的内容，可以在科技馆和标本馆中进行更有效的学习。

泉州师范学院附属小学的另外一个有效资源是植趣园，植趣园是种植在学校楼顶的一所微型植物园，这里面不仅仅有花草，更有当地的特色水果和蔬菜，而这些植物全部由泉州师范学院附属小学全体师生种植，并配有专门的科学教师进行打理，值得一提的是，这个植趣园采用智能化控制，教师在手机上可以进行浇水（喷灌）。植趣园包含一个地理模型区域和一个生物模型区域，将地理中的等高线、地形图、地球仪等和生物中的细胞、动植物等相关模型放大建立在区域内，可以让学生产生更直观的感受。

对于一所小学来说，具有如此丰富的科技教育资源是让我们非常吃惊的。在这样丰富的科技教育资源的基础上，泉州师范附属小学的老师们开发了很多适合小学生的课程，还带领孩子们完成了一些小课题，鼓励孩子们自己探究，很好地促进学生们科学素养的发展。

（二）校本教材和校本课程

泉州师范学院附属小学的校本教材开发主要有四个方面的内容，第一部分是植物篇，将本地的特色植物采集，根据教科版小学科学教材中的教学内容把课堂的延伸结合到里面去，成为植物篇。同时，由于学校设有自己的植趣园，学校的科技教师也充分地利用了植趣园进行部分课程的设计和开发。第二部分是制作篇，学校定期在科普广场举行活动和科技周、科技节以及一些实践活动，教师们将这些活动的材料结合进去，并加以延伸打造成为制作篇的课程。第三部分是动物篇，这部分与学生联系比较密切，主要从日常生活入手，将教学与生活联系起来，同时结合课堂教学，开发了动物篇校本课程。第四部分是综合实践，这部分内容与学生动手能力息息相关，与平时的活动相结合。学校的科技教师也都表示，校本课程的开发还在逐渐的丰富和完善中，依据学生的情况和反馈再不断扩充。

校本课程的开设一方面主要使用校本教材，另一方面主要依靠学校科学教师结合学校活动开展，主要有信息组活动、社团活动、科技节活动等。泉州师范学院附属小学的课程安排主要是上午四节课、下午四节课，之后是各种社团的活动，所以，校本课程跟社团活动的联系最为紧密。同时，校本教材的书单平时也可以在家里学习，有什么疑问可以和老师进行交流。

三　有序丰富的学生活动

学生科学活动的开展除了科学课之外，泉州师范学院附属小学的科学活动主要依靠社团和兴趣小组。社团以 3~6 年级的学生为主，这几个年级的学生有固定的社团可以参加，如机器人社团、拼图社团、动植物社团等。学生可以根据自己的情况自由选择社团参加，每个学生可以选择多个社团参与活动，社团人数不设上限。同时社团由学校老师亲自管理，每个老师必须管理一个社团，这样科学化的社团开展和管理有利于学生的活动有序开展。兴趣小组由学生自己报名成立，选择主题，课后进行兴趣学习，由科学教师进行指导。丰富有趣的学生活动给学生们提供了更广阔的空间。同时，由于是科学教师负责管理，社团的活动更加有序。

四 泉州师范学院附属小学案例的收获与分析

小学阶段是学段时间最长的一个阶段，且升学压力小，适合开展较多的活动。泉州师范学院附属小学拥有丰富的课程资源和活动资源——校内科技馆和植趣园，专兼职比例协调且专业发展良好的科技教师团队是学校在科技教育领域取得成功的两大保证。学校给学生充分的自由，学生在社团和兴趣小组中开展多种多样的课外活动，帮助学生更好的发展。

巧妇难为无米之炊，科学课程和科学活动的设计需要丰富的课程资源提供支持。泉州师范学院附属小学建设的校内小科技馆和植趣园就是他们课程开发和活动研发的源泉。

满足学习者的需求，激发学习者内在的动力和潜能是高效率学习的保证。泉州师范学院附属小学的科技教师是这一条的最好实践者。他们集合多种资源，满足所有孩子的需求，并且给孩子充分的自由。

小学建设科技特色学校与中学在课程建设等方面都有差别。小学阶段，全面而自由的科技教育是挖掘学生潜能、培养学生发展的最好路径。

第二节 案例2：上海第一师范学校附属小学

上海第一师范学校附属小学成立于1945年，由近代教育家陈鹤琴创办。上海第一师范学校附属小学坚持自己的教育理念，不断发展，在过去50多年里，先后开展过多项教育实验，20世纪40年代陈鹤琴校长主持实验"活教育"，20世纪50年代至60年代中期重点研究"让儿童的聪明才智得到充分发展"课题。20 世纪 80 年代起，按照邓小平同志提出的教育要"三个面向"的精神，开展了"愉快教育"的实验研究，并一直坚持至今，努力探索符合新时期要求的新的教育模式。

一 一以贯之的教育理念

"愉快教育"是面向 20 世纪 80 年代邓小平提出的"三个面向"展开的教育理念，上海第一师范学校附属小学将"愉快教育"一直贯彻至今，并不断根据时代发展进行扩充。在"愉快教育"理念的指导下，上海第一师范学校附属小学从学生身心全面发展出发，开设有科技类、艺术类、生活实践类、素养类、体育健身类五大类课程，囊括音乐课、舞蹈课、机器人教育、美术课、手工制作课等 60 多门课程，同时，学校成立了各式各样的社团，规定每一个老师必须任教一门课程，担任一个社团的负责人，给学生的发展提供良好的课程资源。"愉快教育"更加注重学生的成长和分享，学校设有展示墙和展示台，学生的作品可以在展示墙和展示台进行分享展示。"愉快教育"需要学生自己动手进行体验，所以这五大类 60 多门课程大多是学生动手课程。学生在课程中动手体验，教师在一旁进行指导，这样一种探究型学习方式可以大大提高学生的动手能力。

"愉快教育"作为上海第一师范学校附属小学的教育理念，对其发展起到至关重要的引领作用。包括校长在内的全体师生对这一理念的贯彻和认可是上海第一师范学校附属小学发展的重要动力。

二 多方利用学校空间

（一）因地制宜——有效利用教室资源

上海第一师范学校附属小学校舍占地 14000 平方米，建筑面积 16000 平方米，校园面积广阔。但其校舍显得井然有序，每一层教室都有自己的特色和独特作用，如二楼的科技房、三楼的心理室和自然室、五楼的大图书馆等。值得一提的是二楼的科技房，整幢楼的二层都是科技教育场所，可以称之为一个小型科技馆，拥有小体量的展品和相应的教学空间，如声音展品、无源之水等。同时由于学校处于闹市区,有临街的教室,且呈不规则的形状,无法将这样的房间作为教室,学校就将这些教室改造为制作室、图书室和体验室,主要用于 STEAM 教学、车床模具(学生使用)的体验、汽车教学以及低年级学生的图书阅览和学生作品展示空间等,这样既可以避免空间浪费也可以发挥教室的作用,恰到好处,给学生提供学习体验的地方。值得一提的是,这样的教室里面处处体现着以学生为主的"愉快教育",教室内的标志由学生设计、摆放着大量学生的作品等,STEAM 教学和车床模具以及汽车教学的教室像一个个的小型"加工厂",更像一个个的"游乐场",学生自主设计的产品琳琅满目,汽车模型不仅让学生观看,更可以让其拆卸、组装、试跑等。

学校连楼顶空间都不愿意"放过",教学楼的楼顶除了包含为学生设计的足球场(四周围有护栏网),更有一个小型花园和一个植物种植园。种植园以日常的瓜果蔬菜为主,同时向学生展示不同环境下的植物,如仙人掌和热带植物等。植物园由老师通过手机等电子设备进行管理,学生可以在植物园进行自然课的学习,一方面可以增强学生对自然课的理解,同时也为城市孩子体验乡村生活提供一定的条件。

(二)画龙点睛——合理利用狭小空间

当你走在上海第一师范学校附属小学的教室内,它会不断给你惊喜。每一个你想象得到的和你想象不到的空间都会被尽可能利用起来,走廊、拐角、教室墙壁、角落等。在临街二楼到三楼的楼道拐角处,抬头便是一个乐高的机械挂钟,这是由师生共同打造的、不停奔跑的、准时的挂钟,令人耳目一新,眼前一亮。走在三楼的教室外,你会发现一些规则的平台,这是学生休息读书的地方;再往前走,你会发现一面艺术墙,墙边摆放有一些画笔,这是学生的手绘墙,学生利用课下时间可以在墙面上自由创作等。

三 健全的教育教学资源

上海第一师范学校附属小学科学课程的开发并不是单打独斗,而是有效利用多方资源,除学校内部师资和教室等空间资源外,学校还有效利用社会资源。如与乐高积木的合作，利用其专业的科技课程和教师为学校的学生上课，让学生有效学习工程等相关知识；与相对应的 STEAM 创客公司合作，引入其课程资源为学生的跨学科知识发展提供条件；聘请上海某汽车公司的专业人员为学生讲解汽车知识等，这些措施都大大提升了学生的科学兴趣。同时学校还与其他地区的学校，如北京、沈阳、南京等地区的学校达成合作，共同开展科学课程研发。利用其他地区的资源让本校学生可以体验其他地区的风土人情和文化，促进学生的全面发展和认知。上海第一师范学校附属小学更是一所不拘泥于传统、开放并包的学校。对于最新的教学产品，勇于尝试，虚拟现实、电子书包等都有利用。学校为学生设计了有关自然课程的主题教室：星空、植物、动物等，每个教室配备有 VR 眼镜和幕布，学生可以通过 3D 电影的形式深切体会自然。

上海第一师范学校附属小学有效利用自身优势，广纳各方资源，打造属于自己特色的科学课程教学方式。

四 校内校外联动，打造专业化教师队伍

上海第一师范学校附属小学共有 8 位专职教师，与其他学校专兼职科学教师共存现象不同的是其采用校内和校外联动的方式，学校的科学课程由 8 位专职教师担任，而如 VR、STEAM 课程、汽车模型和车床模具等提升类课程则会聘请 1~2 位校外专业教师进行教学，这样一内一外的专业联动，给科学课程的推进提供强有力的保障，普及和提升两条腿走路，科学课程呈现合理化发展的状态。

五 上海第一师范学校附属小学案例的收获与分析

一所学校的教育理念指引着学校的发展方向。上海第一师范学校附属小学的教育理念一直指引着学校朝着培养快乐孩子的方向发展。理念是顶层设计。在上海第一师范学校"愉快教育"理念的指导下设计课程，培养快乐的科学少年。

全校师生都非常认可这一理念，并且积极贯彻落实。学校以极为巧妙的

创意全方位地利用了学校的教室空间，狭小的空间中还保留了学生的花园和小型种植园。健全的丰富的教育教学资源和校内外联动的教师队伍为学生打造了丰富的科学课程。

上海的科技教育水平一直较高。我国学生第一次参加 PISA（国际学生评价项目）测试就获得了第一名，当时选取的就是上海的学生样本。中学生的水平在于小学打下的良好基础。因此，本书中选取了上海的一所小学作为上海科技教育的代表，希望可以从上海第一师范学校附属小学的案例中有所收获。

第三节　案例3：福建省福州第三中学

福州三中坐落于榕城风景秀丽的西湖之滨，创办于 1942 年，前身是"福州市立初级中学"，1952 年 6 月，经福州市统一调整校名，被正式定名为"福州第三中学"，从此校名沿用至今。镌刻于校门口的"励志、笃学、力行"纯朴校训，成为福州三中每个人牢记在心的理想和奋斗目标。

2011 年，在"全国十佳科技教育创新学校"评选开始的第二年，福州三中就被选为全国十佳科技教育创新学校。这与福州三中的科技教育特色是分不开的。福州三中通过创新意识进课堂，通过实施创新教育发展学生科学思维，培养学生核心素养；以传帮带的形式以老带新，培养优秀教师，注重教师团队的建设；关注科学教育前沿热点，筹备创客空间发展学生创新能力；校本课程与研究性学习两手抓，重考核多评价，全面发展学生探究精神；积极组织学生参与学科竞赛与青少年科技创新大赛，提升学生能力的同时给学生创设了在国内国际平台崭露头角的机会。

一　教师团队的发展

由于历史原因，福州三中的教师编制多年都满额，且存在一定的超编情况。因此学校也没法申请新编制招收新教师，这也造成了学校里年轻教师偏少的现状。近年来，国家实施免费师范生计划，免费师范生自带编制，可以一对一面试直接入岗，福州三中得以招收部分年轻教师。年轻教师进校工作以后，基于他们的自身能力，学校组织年轻教师跟随经验丰富的老教师一起开展科技竞赛的指导工作，年轻教师成长很快，教师团队逐步形成稳定的梯队。

福州三中的科技教师在带领学生进行科学学习的过程中，都是以兴趣为基础，选拔并培养那些对科技真正有兴趣的学生，带领这些学生不断创新完成各类别的创新课题。福州三中的教师很早就认识到：老师与学生一样，都需要进一步的学习。正如机器人项目的指导老师所说：通过陪伴学生们完成机器人项目的训练，教师在充分地了解国内外资料的过程中接触教育前沿，了解如 STEAM 等先进教育理念，能够站在更高的角度去看待教学，能够不断地在教学中融入创新的思想，这种自身的提升让我们很兴奋。

福州三中重视并十分支持科技教师培训。一方面，学校设置有多种多样的常规教学培训；另一方面，近几年开始开展竞赛教练的教师培训。例如在信息学方面，中国计算机学会针对信息技术老师组织培训，每年一次；化学学科方面，近两年来福建省化学学会每年与省教育厅联合下文，从全省范围内挑选 40 名化学教师进行为期一周的培训，培训和学生夏令营结合在一起，教师与学生同步培训。福州三中都会积极抓住这些外界的培训机会，为本校教师创设充分的机会去参加培训，不断提升教师的指导水平。

在教师激励方面，福州三中参加各级各类科技竞赛的学生获得一定的奖项、名次，学校通过教育基金会对指导教师给予一定的奖励，其中奖励经费来自教育基金会设置的专门项目。在教师的课时计算上，对学生进行学科竞赛培训并不计算课时，科技教师需要利用自己的课余时间辅导学生参与竞赛。但是，为了鼓励科技教师的积极性，学校对获奖的竞赛教师在职称评定上有优先权，在评定职称时如果条件相似，学校优先考虑指导学生竞赛获奖的指导老师。目前福州市开始重视竞赛教练的职称评定，也给予一些指标来促进推动，但对竞赛教练课时的认定还缺乏必要的鼓励措施。

二　科技课程的实践

（一）学校校本课程的开设

福州三中的校本课程严格按照国家规定开设，开设课程系数大于 1.5

(校本课程是行政班的 1.5 倍以上)，高一、高二年级开设，各年级课程均在 26 门左右，总计 52 门。高一全学年以及高二上学期开设校本课程，高三没有校本课程，课程为必修课程，保证学生修满学分。

福州三中校本课程的办学特色在于创新，在创新理念的指导下学校组织教师开设了一系列校本课程。学校围绕创客教育的理念进行校本课程的研发，集中师资力量引导全体教师参与。同时，学校积极调动教师的积极性挖掘教师个人潜能开设特色课程，以提高学生的参与程度，例如开设手工课程、编织课程、动手课程等。同时，机器人项目、学科竞赛以及研究性学习均包含在校本课程中。

学校在校本课程的实施中也会对校本课程进行评估、管理，考察校本课程的教学效果，保障课程的质与量。学校每年对校本课程的实施情况进行测试更新，确保开课教师的教学能力。一般采用问卷调查、访谈调查方式了解学生对这门课程的看法，根据结果反馈学校再对课程进行适当调整。

校本课程中对学生的评价主要包括形成性评价与总结性评价，以教学过程中的评价为主，关注学生在课程中的参与程度。例如化学学科的校本课程中，教师以学生实验设计方案的形成与学生小组交流表现为考核评价的主要方式，最终加上试题考核作为书面的评价材料。

（二）研究性学习的开展

研究性学习贯穿了学生高一、高二两个学年。从 2000 年至今十几年间，学校坚持以研究性学习为课程，安排教师对学生进行研究性学习辅导，让学生学会在某一个领域方面自主思考，学会怎么去选择他们感兴趣的项目，学会怎么去实践探究性课题。研究性学习是全体学生必须参与的课程，学生通过完成探究两个研究性项目获得学分，研究性学习教会学生如何研究课题，如何实现探究性实践。

学校通过安排专项课程培训学生如何选题，如何进行项目探究。项目课题的选定，由老师通过广播发布，有一定的名额限制，学生可以通过选课系统自行选择，最终分组完成课题，达成一个教师、学生双向选择的过程。课题小组的确定与学生班级无关，仅与学生对课题的兴趣有关。

研究性学习每周一个课时，高一学年完成一个完整的课题。高二是半年完成一个课题。研究性学习设有阶段性汇报，以小组为单位向指导老师汇报最近一段时间课题的进展情况。当一个课题完成后，学生会进行答辩结题。在同一年级的多个研究性学习项目中，学校固定于学期末的周六上午，通过指导老师组内选拔推荐的方式挑选一些优秀项目，分若干个组、若干个项目进行答辩。答辩分为文科组与理科组，学校的老师担当评委，学生上台参加答辩。课题结题报告书也是研究性学习课题评价的组成部分。

借助研究性学习的完美实践，福州三中积极组织学生参加全国青少年科技创新大赛（简称创新大赛）。学校的教师认为："创新大赛搭建了一个和学科竞赛不一样的平台，关注科技的前沿，关注社会的热点，也非常贴近生活，让学生去思考身边的哪些事他们可以做得更好。社会发展、科技进步带给全社会的一个发展和创新，中学生也能够在启蒙阶段进行创新学习，开展创新实践活动。学生通过参加这些活动，开阔了视野，有了交流的机会。"在比赛项目的探索中，不仅指导老师需要先行学习项目涉及的自然科学和社会科学的知识，也需要学生大量补充阅读学习，获得全新的思考方式与发展的科学思维。指导教师认为在其中收获很大。

2013 年在南京举行的全国青少年科技创新大赛，福州三中学生李泽洲同学获一等奖，同时还获得了周培源青少年科技创新奖和北京公益学学会科技发明奖；还有一个项目是关于微生物修复重金属铬污染，获得全国创新大赛三等奖，也获得英特尔英才奖。这是两项获得全国级奖项的项目对全校其他同学起到很好的示范效果。

三 学生活动的开展

福州三中有 36 个学生组织的科技社团，例如科技社、生物社等，由团委承办，由学生自己管理。学校固定提供一栋教学楼供学生开展活动，并确定周五下午第四节课为社团活动时间。社团成员也会利用午休、周末等课余时间参加社团活动。

学校以"社团巡礼周"作为社团成果展示的专门平台，其中就包括了

"科技节"。学生们积极参加，他们认为自己的成果不一定需要校方肯定，他们能够在同学面前展现出来就足够自豪了。

在走访中我们也发现，福州三中的学生社团活动以学生自主创建、自主活动并自主探究为主要活动方式，给学生极大的自由发展的空间。学生对于社团活动反响热烈、参与认真，不需要教师管理，自主讨论。在去学校访问的过程中，课题组路过了航模社团、机器人社团以及数学社团等多种不同类型的社团，同学们无一不专注于手中的工作，试飞飞行器、拼装机器人或者热烈探讨课题，不受外界环境影响，为了社团共同的目标努力。

福州三中每年12月底安排科技节，科技节作为学生科技成果展示的平台，学校也在尝试开展科技周。此外，学校也会开展科技讲座，邀请大学教授、知名校友、国家院士等专家为学生讲学。专家主要来自优秀生源基地院校（如南开大学、南京大学等）或本地科研院校（如福州大学、厦门大学等）。讲座主要以科技前沿占多数，也涉及人文领域。

四　福州第三中学案例的收获与分析

在十年来的全国十佳科技教育创新学校中，几乎每一年都有一所福建省的学校入选，这在某种程度上显示了福建省科技教育的发展水平和改革力度。因此，这也是为什么我们在案例中选择了2所福建的中学的原因之一。选择福州三中的另外一个原因是学校的科技课程体系和学生社团活动。尽管他们的科技课程体系与北京、上海等地的学校还不能相比，但是，福州三中在并没有大量的大学资源做支持的情况下，仅凭学校教师的力量，开设出大量的科技类校本课程，支持学生的发展是很值得鼓励的。同时，学校的社团活动中，都是由学生自主创建，自主管理，自主发展。学生们在社团中开展的研究并没有期待获奖，他们认为，在同龄人面前展示已经达到目标了。这样的目标使得学生的参与性更强，也更少受到外界的影响。与其他学校相比，福州三中更类似于一所普通学校成长和成功的故事。这也是本书将其作为案例的重要原因之一。

第四节　案例4：福建省福州第一中学

福建省福州第一中学，以校友林觉民的名言"为天下人谋永福"为办学宗旨，以"植基立本，成德达材"为校训，是福建省教育厅唯一直属管理的一所中学，以建校历史悠久、办学效益卓著、学生素质全面、校友英才辈出而蜚声中外，作为第一批被评为"全国十佳科技教育创新学校"的中学之一，有许多科技教育的亮点值得我们去借鉴。

一　别具一格的教学宗旨

福州第一中学树立了育人宗旨的八大支柱，即国家责任、独立人格、学会学习、健体怡情、服务意识、国际视野、实践能力、自力自治；用"Moral（道德）、Modesty（谦逊）、Multiplicity（多样化）"重新阐释为福州一中的校标。

实地走访发现这些理念并不是说说而已，而是扎扎实实地落到实处。据张群林校长所说，毕业后的学生回到母校总会说"福州一中是最像大学的中学"。在这个学校里，没有校服，除了国家规定的课程以外，没有安排任何补课，因此学生有大量课余生活时间供他们自主学习。在自习课时，学生可以和老师申请去图书馆或者是幽静的角落自主学习。在这样一个自由、开放的环境里，培养出了一代又一代杰出的青年。

二　卓越的科技教师队伍建设

在福州市第一中学，一批学者型、专家型的教师已经构成师资的核心力量，特级教师25人，高级教师已占教师总数的46%，其中各个学科的教师一起组成科技组，负责学校的科技教育。新进教师通过教师招聘考试统一引进，不会特意引进周边学校有经验的教师，尊重其他学校的发展。校长认为，新教师与资历深的教师各有所长，针对科技教育，老教师做了多年的研究性学习指导工作，对于研究的过程、比赛的流程、参赛的环节、注意事项等部分更了解；而引进的硕士、博士有全新的知识背景，他们对科技前沿的了解比老教师多——两类人群结合就两全其美了。

为了不断提升教师的能力和专业水平，福州一中组织多维度多层次的教师培训。首先是校内培训，不论是新教师还是老教师，都需要经常参加校内的各种培训。同时，教育学院、福州市科协和福建省科协组织的各种教师培训，福州第一中学也积极争取机会，派出教师参加。通过多样化的教师培训，让新教师更快地融入实践教学、增长教学经验，也让老教师更加深入地了解科技教育的最新理念和最前沿的科技知识。

当科技教师指导学生获奖后，学校按照明文规定的条例奖励。尤其在职称评定上，指导学生获得相应等级奖项的教师可以有提前晋升的资格，由此激励科技教师更加努力地培养学生。

三　完善的校内设施

学校十分重视办学软硬条件的不断改善。为适应现代教育技术的发展，在新的教育理念指导下，注重并加强教育、教学科研工作，学校专门成立"学术委员会"，下设"教育科学研究室""现代教育技术中心"，以提高课堂教学质量为重点，全面推进素质教育。

福州第一中学的学校图书馆藏书丰富，并全部实现了电子化管理。第一、第二层为纸质阅览室，第三、第四层为电子阅览室。馆内的艺术作品由学校的教师和学生共同完成，节省资金的同时，发挥了学生与教师的才能，让他们对图书馆愈加喜爱。图书馆内设有研讨室（供学生讨论学习）、视听室，学生只要提前预约就可以使用。除此之外，馆内还设有3D打印体验、探究区，对学生自由开放，让学生将"想象"打印出来。图书馆的3楼有一个由学生和老师共同管理的月季园，共同营造一个美丽的学习环境。

福州第一中学各学科实验室、天文台、广播机房等设施非常齐全。还与中国科技大学进行合作，建造了全省唯一的一座量子信息科学创新示范实验室，丰富学生信息通信、加密等知识。

四　和谐有爱的校园文化

福州市第一中学校园内有一条走廊，上面有每一届毕业生的姓名，不落下每一个学生。这种做法增强了学生对母校的归属感，感受到学校对他们的重视。

除此之外，学校每年都会选出"福州市第一中学校园十大新闻"，由老师列出 30 条左右的新闻候选条目，然后由学生民主选择他们最关注的新闻。2017 年度校园十大新闻中，第四条新闻"我校李迅校长替任中共福建省委教育工委委员，福建省教育厅党组成员、副厅长，王能斌副校长主持学校日常工作"以 95.17% 的得票率位列十大新闻榜首，"凤池启韵 皕年继美——福州第一中学建校 200 周年系列活动"位居第二，"我校两位校友当选中国共产党第十九届中央委员会委员"位于第三。从这三条新闻可以看出，这个学校的学子对母校的热爱，对国家时政的关注，非常难能可贵。

"书中自有颜如玉，书中自有黄金屋。"图书馆会在每个学期统计班级的借阅量，评出阅读量最多的书香班级和优秀读者，并给予相应的奖励。通过这样一种方式来鼓励学生不要局限于课本教材中的知识，要走出来看看外面的世界。

每一层学生宿舍都设置一个琴房，供学生陶冶情操使用，提升他们对艺术的喜爱。

在科技方面，学校也给予高度的重视。在图书馆的每一个书架上方，都摆着一位院士校友的照片，以及他们的简介，鼓励学生向他们学习。校内还贴有"科技引领未来、创新放飞梦想"的科技墙，展示各种各样的科技知识。文化宣传栏中还展出了历年获得诺贝尔奖的科学家们的照片以及他们的研究成果供学生阅读。学校每年都邀请各个高校的院士、科学家进校开设 20～30 次的学术讲座，每年 5 月举办科技节，开展一系列科技活动。通过这些学校的角落以及科学活动，学生可以在不知不觉中吸收前沿的科学知识，实现学生全面发展的目标。

五　科技课程建设

（一）研究性学习——导师全员制

福州市第一中学早在 1992 年时就已经对科技教育非常重视，从"三小"——小论文、小制作、小发明，到之后的生物百项再到后期的科技创新大赛，都积极参与。学校认为研究性学习课程是培养学生研究创新能力的一个重要载体。

福州市第一中学将研究性学习的课程安排在周五下午的第三、第四节课。在课程之初，学校设置有指导学生如何进行研究性学习，如何发现问题，如何设计、解决问题等课程。之后学生自己选题，自己选导师。全校的教师都可以作为学生导师选择的对象，当导师和学生双向选择完成后，学生在固定的时间段去找自己选择的导师学习。很多时候，选题与教师的专业并不相符，但这并不影响教师对学生的指导，教师非常愿意和学生一起学习，教学相长，与学生一起成长。

在全校众多研究性学习的项目中，也涌现出众多的优秀课题。学校每年都会通过民主评选，选出校园十佳创新研究项目，并用于参与各级各类青少年科技创新大赛。如此，既不多耗费学生时间，还可以激励其他同学向这些同学学习，学习他们的研究方法和创新思想。

福州第一中学的科技教师座谈会中，教师们积极表示了对于研究性学习价值的认可。研究性学习对学生、对教师的成长都有极大价值。从学生角度，学生的创造能力、思维能力、动手能力、组织能力、交流沟通能力等方方面面在进行项目研究的过程中会一步步地得到提升。另外，教师在指导研究性学习后，会逐步改进基础课堂的教育。研究性学习中的启发式教学、探究式教学可以运用到学科教学的课程中，改变传统课堂中平铺直叙的教学方式，在课堂环节中插入很多让学生探究的环节，本来难以开展探究的部分在有经验的教师眼里都可以变成探究环节。

（二）优胜劣汰的校本课程

每一个教学组的教师都会被要求开设若干门选修课程。教师根据自己的兴趣爱好进行选修课的申报，并由教务处审核，通过后，教师自己对课程进行宣传。学生有自主选择权，可以选择自己感兴趣的课程。当课程选修人数不足时，这门课就会消亡。

（三）多姿多彩的社团活动课

福州市第一中学有 30 多个社团组织：静之书画社、SCAN 计算机社、七户机器人社、电影社、学生会记者团、模拟联合国社、牧岩话剧社、欧洲第二外语社、棋社、曲苑社、日语社、天文社、心语社、KS 侦探社、希望英语俱乐部、三牧文社、音乐社、足球社、时新社、武术社、街舞社、跆拳道社、排球社、篮球社、羽毛球社、乒乓球社、网球社、海外留学俱乐部、商业模拟社、青藤地理社、学生会体育部等。社团活动由学生自己主导，30 多个社团中，有近 20 个社团有较大影响力。学生可以自由参加一个或多个社团，在自己的课余时间进行活动。多姿多彩的社团活动给学生们提供了丰富的滋养。

六　福州第一中学案例的收获与分析

福州第一中学作为首批入选"全国十佳科技教育创新学校"的中学，需要找到哪些有特点的内容和大家分享是我们在撰写案例时一直在思考的问题。首先，我们认为教学宗旨或者理念是第一个有特色的内容。理念是指引学校发展的风向标。福州第一中学在学生们眼里是最像大学的中学。这所中学给予学生充分的自由来选择学习的时间和学习的地点，没有任何高压和高强度的重复性练习。其次，在落实理念方面，学校有很多实际的措施。例如，大量的学科实验室以及天文台等一系列设施设备，供学生能够有充分的学习机会。教师团队既有具有丰富经验的老教师，也引进了大批高学历的年轻教师，更重要的是，在学校良好的氛围和组织管理下，老教师和新教师的优势完美组合，没有产生不适应以及其他的问题。学校充分认识到研究性学习课程的重要性，组织全体教师担任学生的导师，不仅为学生开设了非常好的研究性学习课程，并且在实施的过程中还促进了学科课程的教学思路改革。尽管在描述的过程中风轻云淡，但是我们相信，在改革的过程中，学校的全体教师一定付出了非常大的努力，才能实现现在这样走在前面的毫不费力。

第五节　案例5：江苏省南京田家炳高级中学

南京田家炳高级中学（南工大附中）创办于 1935 年，2005 年经南京市政府批准，由南京市第二中学、第五十中学、第八中学三校高中部资源整合，形成全日制可寄宿的四星级独立高中，该学校是首批被评为"全国十佳科技教育创新学校"的中学，同时也是"教育部实验基地学校""江苏省STEM 实验学校""江苏省科技教育课程基地"。学校以其幽雅的办学环境和出色的教学绩效成为南京市教育界一颗耀眼的新星。

一　独到的教育理念

南京田家炳高级中学的教育理念主要包括三大部分：创生、三人为众及追求卓越，三者统称为"三合"文化。其中"创生"理念为核心理念。在"创生"教育理念的指导下，力求在科技活动中以四个转变实现科技教育的目标。

一是把对少数人进行的科技教育转变为对全体学生进行的科技教育。

二是把单纯的活动性科技教育形式转变为综合性科技教育形式。

三是把封闭的校内活动的科技教育形式变成开放式的走向社会走向世界的科技教育形式。

四是通过学校的科技教育策略培养众人所特有的科学品质。

针对学校的科技教师，学校教学制度上采用将科技教师上课课时记为满勤但无奖金的制度，同时学校每年设立"玉兰奖"以表彰科技创新领域表现突出的同学及教师。

二　完善的师资框架

学校有专职科技教师 7 名，兼职科技教师校内 31 名、校外科技教育专家及辅导员 30 余名。

校内教师中有多名省级优秀科技辅导员，如省级优秀科技辅导员汤志忠；教授级教师、省级优秀科技辅导员马春生；省十大科普人物、省级优秀科技辅导员王武林；省级优秀科技辅导员张斌等。

在本校优秀师资的基础上，学校聘请校外专家团队为学生开设科技讲座，指导学生开展科技创新项目研究等。学校通过与校外专家团队良好的联系为学校的学生提供了高质量的师资。

三 健全的教学资源

学校拥有全市一流的教育教学设施：美观雅洁的学生公寓，可同时提供1500人就餐的大餐厅，现代化的数字地理实验室、数字理化生实验室、化学分析实验室、动物行为实验室、生物组培室、环境保护实验室、基于物联网的生态实验室、电离层监测实验室。创客实验室、天文馆、航模馆等正在筹建中。其中科技中心场馆构建主要包括：专家工作室、生态大棚、航模馆、创新实验室、气象站、天文馆。如此丰富的校内科技教育基础设施为学生们的科技课程的开展提供了丰富的载体。此外，学校还与众多的高校和研究院所合作，如与南京大学、南京师范大学、中国科学院等高校合作，充分调动校外资源。学校对南京市校外资源的充分利用使得学生在科技探索的道路上如鱼得水。

四 金字塔式的科技教育结构①

南京田家炳高级中学的课程属于金字塔式的课程，包括普及性的针对全体学生的课程、提高性的科技社团课程以及拔尖性的精英课程（见图 2 - 1）。具体开设的校本课程如地衣与大气监测、远古的馈赠—世界遗产、航空模型、STEM 项目课程—校车制作等。

普及类：课程面向全体学生开设，旨在让一所科技教育特色高中的学生都接受普及性的科技教育，在接受高中科学知识教育的过程中，对科学本质

---

① 曹李莉、张斌：《高中金字塔式科技教育课程的设计与实施》，《上海教育科研》2014 年第10 期。

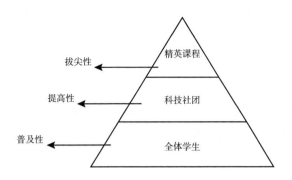

图 2 - 1 金字塔式科技教育课程

的认识更深入，在科学态度、科学方法及能力等科学素养方面得到综合提升。

社团类：社团活动的宗旨是吸纳在某方面感兴趣的同学，在教师的指导下，在一定的方向进行学习、研究、交流。每位学生在高中阶段都必须参加一个社团活动，学生可以根据兴趣爱好选择参加科技类社团，如航模社团、太空天气监测社团、开心农场社团等，在社团活动中培养科学态度、合作精神、批判思维等，提升综合素质。

竞赛类：学生在普及类科学课程的学习中，在科技社团活动中产生问题，发现问题，可以选择指导教师，学生成为导师的研究生，在导师的指导下确定研究课题，学习、研究，记录研究过程，撰写论文，参加市、省、全国比赛。

整体来看，南京田家炳高级中学属于资源一流、师资一流、科技课程丰富、活动多样的一所各方面都非常完备的科技创新教育学校。

五 南京田家炳高级中学案例的收获与分析

江苏省，自古以来就被誉为人杰地灵的地区。江苏省的科技教育也一直处于全国的前列。南京田家炳高级中学是第一批被评为"全国十佳科技教育创新学校"的中学，是非常值得分析的。该中学在某种程度上是属于高大上的学校序列。学校拥有非常好的基础设施，例如餐厅可以同时容纳1500人用餐；学校周边有非常好的教育资源，同时学校也充分利用了这些资源，诸如与南京大学、南京师范大学和中国科学院等高校合作，为学生提供了很好的校外资源；学校的科技教师团队水平高，能力强，在校长的带领下，学校的科技教师团队无论是在带学生还是在科研水平，都发展很快；学校的课程体系也建设完备，既能面向全体学生也有面向少数拔尖学生的内容，呈现金字塔式的结构，给每个学生的发展提供了机会。能够看出，南京田家炳高级中学属于全面发展、四处开花型的中学。

小　结

　　尽管"全国十佳科技教育创新学校"的评选来源于美国 SODA 的评选，但是二者还是有一些差别。产生差别的原因是多方面的，一方面是由于国家的发展阶段和发展水平的不同，另一方面是由于社会环境的差别。例如，在美国 SODA 的案例中，有的学校是从完全特别差的学校经过学校校长和教师大刀阔斧的改革，使得学校的学生 STEM 教育水平发展特别迅速，并且以STEM 教育成为学校的特色。这种案例在我国的十佳科技教育创新学校中也有，但是不多。例如沈阳市一所小学，之前的生源主要来源于周边市场小商贩的家庭，家庭不重视教育，但是随着学校以科技教育作为特色发展，学校的学生获得各种奖项，越来越多的家长愿意将学生送到这所小学。当然，本校的学生也能够升入较好的中学。这个案例与 SODA 的案例类似，但是又不完全相同。此外，美国 SODA 的学校中，有一些非常好的学校，通过利用信息技术或者新的教学方式的改革，使得学校又有了新的发展。但是在我国的十佳科技教育创新学校中，至少在我们走访过的学校中，这种理念上的较大的变革还比较少。我们分析主要原因是我国的学生学习压力和升学压力仍然是非常大的。因此，在教学变革方面中国学校与美国学校相比，还缺乏一点魄力和承担压力的勇气，更多的是家长的支持。中国选取的五个案例中，有2 所小学、3 所中学。尽管五所学校由于地域、发展水平、获取资源等方面都存在些许差别，总结这五所学校存在一些共同的特点，我们发现：第一个共同点是基于丰富的校本课程给学生充分的自由用以发展他们的特长，几乎每所学校都研发了丰富的校本课程，有些学校，同一门课程面向不同学生设置了高阶课程和低阶课程，学校通过扎实全面的选修课程打下良好的科技创新培养的基础，学生成长为创新人才或者在科技竞赛中获奖是水到渠成的。第二个共同点是都有一支努力付出的高水平教师团队，大部分学校都采用"走出去、请进来"的方法，积极为科技教师构建专业化发展的平台。第三个共同点是学校努力为学生创设资源丰富的学习环境，有一些学校自己建设了校内科技馆，大部分学校都帮助学生联系社会资源，帮助学生发挥潜能，发展特长，提升能力。

第三章
美国理科高中案例

　　美国理科高中是指专门成立的偏重于理科教育的学校。英文全称为 Science，Technology，Engineering and Mathematics High School。这类学校主要培养理科方面特长的学生，以培养美国本土的科技创新人才后备力量为主。最早的理科高中——纽约史蒂文森高中成立于 1904 年。当时该高中成立的背景和目标并不是为了培养理科方面有特长的学生，主要为了培养具有理科方面专业技能的人，以适应科技发展培育劳动力。

　　在苏联发射第一颗人造地球卫星之后，美国越来越重视科技和科学教育的发展。到了 20 世纪 80 年代，越来越多的州建立了理科高中，重点培养理科方面的人才，以增强美国本土的科技人才资源，提升美国的科技竞争力。1980 年，美国北卡罗来纳州建立了美国第一个州立的寄宿制理科高中——北卡罗来纳州数学与科学学校。1988 年，为了更好地促进理科高中的发展，美国成立了理科高中协会，依据协会的统计，美国的理科高中，既有公立学校，也有私立学校。同时，有 17 个州建立了州立寄宿制高中，这些高中是为了保持或者扩大本州在科技方面的竞争优势而建的。这些州立的寄宿制高中为本州的科技后备人才培养提供了支持，同时也促进了本州的公立科学教育的发展，尤其是本州的数学与科学教育的发展。

　　美国理科高中最突出的特点首先就是理科教育十分突出，各有各的特色；其次是数学和科学教育学习的范围一般超出国家科学课程标准的要求，学习的范围广，内容也深；最后是教师队伍水平都比较高。本部分将呈现五个美国理科高中的案例，他们各具特色，发展的阶段也不相同，希望能够为我国的科技教育提供借鉴和启示。

第一节　案例1：托马斯·杰弗逊科技高中

一　走进托马斯·杰弗逊科技高中

托马斯·杰弗逊科技高中（Thomas Jefferson High School for Science and Technology，TJ）是一所位于美国弗吉尼亚州的科技特色高中。学校建立于1985 年，最初由商界和学校合办，目的在于推动数学、科学和技术教育的提升。商界代表以及费尔法克斯郡公立学校系统（Fairfax County Public Schools）的工作人员合力建设了学校的课程体系和教职工队伍。作为弗吉尼亚州的公立学校，学校也获得弗吉尼亚州教育部门的支持。不同于其他的科技重点高中，本校为四年全日制中学。

1999 年，本地商界领袖、学生家长和校友成立了托马斯·杰弗逊伙伴基金。该非营利基金项目意在为学校教学任务筹集资金，也推动学校向STEM 教育领导者角色发展。该基金项目在经历革新之后增加了强化 STEM外延影响以及校友参与两部分支持内容。该校不但选拔所在地费尔法克斯郡的学生并为之提供专门的教育，也面向周边其他学区开放，包括阿林顿郡、劳登郡、威廉王子郡、费尔法克斯市和福尔斯教堂市。2017 年，学校完成了校舍翻修。

该校在 30 余年办学期间，成功打造了自身的科技教育特色。从教育理念、建设发展方式的顶层设计，到课程建设与教学活动的底层实践，学校围绕科技教育特色展开了自己的思考并累积了有效经验。

二　定位高远而切合实际的教育理念

学校希望培养出品学兼优的学生，这一点从学校简单而明确的自我定位得以体现："为学生创设一个充满挑战性的偏重数学、科学和技术的学习环境，激发学生享受对发现未知的期待，培养一种符合伦理道德规范下为了人类共同利益而创新的文化。"它分别指出了学校坚持自身科技教育特色和品质、重视学生主动学习与探索以及关注学生的个人品格修养。

对于具体的育人目标，学校则从学生的实际出发，思考了学生在未来的毕生发展中需要具备怎样的能力。这些思考包括当今社会的发展趋势以及对于人才的具体要求，例如沟通和协作的能力、解决实际问题（特别是涉及多学科的复杂问题）的能力、评判性思维能力、终身学习的习惯等；同时这些思考也包括学生如何发展成为一个完备的人，例如学术能力的培养、精神与人格的建立等，这也是对学校自我定位的具体表征。最终，学校将这些思考以下面 10 条内容进行具体表述，作为学校的育人理念。

（1）批判性思维和解决问题的能力对于解决当今复杂的社会和伦理问题而言是至关重要的。

（2）学生在一个学科整合的环境中学习是最有效果的，这会培养他们了解各学科互相作用并形成一个整体的精妙所在。

（3）全球化迫使我们了解世上各类人群的语言、系统和文化。

（4）文学、音乐和艺术是必要的，它们是人类存在于世的不朽证明。

（5）科学方法为我们提供了寻找世界组成的规则。

（6）研究源于根基稳固的知识、个人创新能力和好奇心三者的结合。

（7）良好的沟通交流往往把一个好点子变成一个成功的方案。

（8）合作学习、竞技运动以及课外活动能发展学生领导力和人际交往能力。

（9）负责与正直是追求卓越过程中的核心原则。

（10）学无止境。

从学校的定位与育人理念的表述中可以看出，学校从全球化发展下的人才发展与工作需求、全人类的未来发展、学生的终生发展等角度出发对教育理念进行了阐述，体现了定位高、视野广的特点。同时，结合学科融合、批判性思维、科学探究、合作学习等主流科学教育观点对育人理念的阐述，将学校的高定位引向更为具体的学生能力培养目标，使得学校的课程建设与教学实践能够具体开展起来。

三 以实证研究方法为指导的校园建设发展方式

托马斯·杰弗逊科技高中在学校管理方面注重以实证研究为指导方法。这不是说学校将管理工作作为研究项目开展，而是学校在开展管理工作中注意收集数据等实证，通过这些数据来综合评价管理手段的有效性。表 3 - 1 是学校未来几年（自 2018 年起）发展规划的部分内容，其中就直接体现了上述特点。

表 3 - 1 托马斯·杰弗逊科技高中未来几年的发展规划

关注领域	目标	策略
评分及报告	目标 1 合作学习小组（Collaborative Learning Teams）将会对一致评价和家庭作业量进行明确、沟通并付诸行动,这有助于: 1. 减轻学业压力 2. 改善学生、教师和家长对于公平一致评分操作的看法并达成共识 3. 改善学生、教师和家长对家庭作业意义和效果看法并达成共识 4. 加强学生、教师和家长的对话	1. 确保指定计划纲要,为各组提供机会对其效果进行反思,在学年使用的过程中根据学生的实际需求和教学的自然需求对计划纲要进行修改 2. 开展专业化研究,了解学生与教师的时间分配方式与分数之间有怎样的关系 3. 研究现有的学生家庭作业量,并根据地区政策和学校教师预期展开评估 4. 为各项技能建立一致的评价标准（例如写作、口头报告、实验记录等） 5. 评价本校现有毕业要求的适切性

目标 1 的实现措施:

- 设计一项行动研究,收集 IBET 课程的家庭作业量以及一份能代表所有内容领域的样本。利用这些数据为合作学习小组提供一致而有效的家庭作业策略
- 从高级教育学认证调查问卷中选择题目并重新发放,请所有相关人员评估我们的工作进程。具体来说,使用教学标准三这部分的问卷结果来评估我们的工作进程
- 每半学年回顾课程纲要计划和研究项目,确保它们和课程目标一致
- 每半学年回查成绩单,确保其妥善评定并与课程纲要一致
- 为教工的年度职业发展计划向他们征集反馈意见,并持续确保专业发展与目标相一致
- 继续研究学生成绩分布,分析数据,发现标准和学生学习之间的关系

关注领域	目标	策略
学术诚信	目标 2 在全校师生中建立高度的学术诚信文化,使师生恢复个人平衡、自信和自我效能	1. 学校以荣誉制度促进学术诚信,为检举违规行为提供指导,也支持学生进行自我辩护: ● 纲要中包括荣誉制度的链接以及相关的标准措辞 ● 纲要中包括明确指出如何举报学术不端的步骤 ● 纲要中包括学生自辩手册相关参考内容,以指导学生做出更积极的判断以及有礼而有理地进行交流 2. 荣誉委员会及管理人将会继续共同促进诚信建设。通过教育全体学生,持续恢复校内的公平性,并尽快提交书面报告 3. 当违规事件发生时,管理人会利用其展示正当处理的过程。具体来说,该展示会送达所有 9 年级新生和其他新入校学生。进一步来说,如果管理人与违规学生进行面对面处理,该展示也会用于会议过程之中 4. 教务处会检查现有的学业支持体系,与师生交流并加强该系统,引导学生以积极健康的策略去应对学校的学业要求 5. 吸纳校友及其同事,指导学生在真实世界中做出选择

目标 2 的实现措施:
● 副校长为纲要设计评价工具并使用,要结合目标 1 的内容来设计工具
● 基于过去三个学年的感知调查数据,设计新的问卷以收集关于策略落实有效性的数据
● 从年级、内容领域和学生个体几个层面比较去年和今年的违规行为
● 通过分析曾违规学生的再犯率,评价学校荣誉委员会恢复诚信工作的效果
● 从学生与 DSS 工作人员参与的健康计划中收集数据

　　在表 3-1 两个目标的具体实现措施中，都涉及了评价工具的开发或调整以及收集数据的过程。这其中既包含量化的问卷调查数据，也涉及质性的个案案例（如违规案例）。这样做的目的在于判断学校管理措施的实际效果，也为调整策略、继续开展工作提供了参考依据。这样的工作范式遵循了实证研究的范式，在上述例子中则具体表现为教育评价的范式。这样的教育评价不止发生在一个班级、一个年级，而是全校范围；不止持续在一节课、一学期，而是整个学年，这样的规模与时间跨度才使得这种基于实证的工作方法真正落到实处。

此外，学校的发展规划也严格遵循学校的定位和目标。上述发展规划具体关注了学生家庭作业压力和学术道德遵守两个方面，这两个方面隶属于学生学术能力与品格培养两个大的方面，与学校的定位一致。

四 系统健全、路径分明的课程体系建设

TJ 将完成独立科研项目作为所有毕业生的统一要求，实现任务引领。在此基础上设立了核心课程与选修课程，力求所有课程以支持学生开展独立科研为直接目的。为了更好地帮助学生规划学术能力发展，学校也提供了课程选择路径供学生参考，以规划合理的选课方式。这样一来，学校就建立了一个系统健全、路径分明的课程建设体系。

1. 独立研究项目体现毕业生学术能力

学校要求所有毕业年级学生都在技术实验室完成一个项目，作为他们就读期间的最高成就。这一任务可以在研究实验室或者通过参加导师计划来完成，学生可以选择开展科学研究或（工程学）设计项目满足这一要求。

为了支持在校内研究实验室完成毕业项目的学生，学校开设了多个实验室。专业研究实验室是该校的特色，功能为强化课程效果，为学生提供顶尖水准技术环境下特有的学习体验。当前学校配备的实验室包括：天文学与天体物理学实验室、自动化与机器人实验室、生物技术与生命科学实验室、化学分析与纳米化学实验室、通信系统实验室、计算机系统实验室、能源系统实验室、工程学设计实验室、JUMP 实验室、微电子实验室、移动及网页应用开发实验室、神经生物学实验室、海洋学及地球物理学系统实验室、量子物理及光学实验室、原型及工程学材料实验室。这些实验室不但供毕业年级学生开展项目之用，也供学校各门课程教学之用。

导师计划则帮助学生在某个领域开展研究或设计项目，配以华盛顿地区有经验的科学家、工程师以及来自科技企业、教育机构和政府的专业人士提供指导。在该过程中，学生得以在真实情景研究中满足自己的兴趣、运用自己的知识和能力，他们与所选的专家共同工作，并了解专家的深刻见解与指导意见。随着学生运用批判性思维解决有意义而令人兴奋的问题，他们变得

更强、更自信、更具自我效能且具创造性。该计划的意图在于为学生提供一个可选择的路径来完成学校的毕业要求。学校的科技实验室以及项目主任共同对该项目进行监管。学生与校外机构专家共同工作，学生将工作效果向学校科技实验室主管进行反馈。该计划对于项目要求和学术目标与其他校内开展的研究有同样的设定。

2. 分层次成体系的课程建设

学校的课程分为核心课程和选修课程。核心课程的任务是为学生夯实基础，不但帮学生构建学科基础知识，也引导学生掌握科学探究和工程学设计的基本方法。选修课程则进一步提升学生的学术水平，也是学生选择个人毕业研究项目之后着手准备的阶段。

表 3 - 2　2018 年 TJ 部分课程开设情况和师资配备情况

类别	课程类别简介	课程名称	课程类型
科学	每位学生都要在 4 年间完成所有科学课程，从生物学（与英语、设计和技术整合）开始，之后学习化学、物理和地理。所有课程配有大量实验室活动 选修类科学课程帮助学生准备好毕业项目，其中也包括生物、物理、化学等一系列大学 AP 课程 配备 4 位生物学教师、4 位物理学教师、4 位化学教师、3 位地理学教师、3 位助教、1 位校长及 1 位办公助理	高级天文学:太阳系	选修
		高级天文学:宇宙	选修
		高级海洋生物学	选修
		AP 课程:生物学	核心
		AP 课程:化学	核心
		AP 课程:物理学 C	核心
		生物 1(IBET)	核心
		生物纳米技术	选修
		化学 1	核心
		CHUM 化学	选修
		计算物理学	核心
		DNA 科学 1	选修
		DNA 科学 2	选修
		地理学	核心
		光学系统和现象入门	选修
		有机化学及仪器分析入门	选修
		神经生物学	选修
		物理 1	核心
		生理学及其艺术	选修
		相对论、电动力学及量子力学	选修

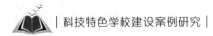

科技特色学校建设案例研究

续表

类别	课程类别简介	课程名称	课程类型
技术	新生（9年级）必修 IBET 课程（生物学、英语、设计与技术整合的一门课程），该课程会帮助学生获得必要的基本技能，它们是未来学习其他实验室科学课程所需要的。而对于 10 年级和 11 年级的学生来说，他们在学习科学、技术和计算机科学选修课的过程中需要为毕业项目做规划。所有的毕业生（12年级）则都需要完成一项科学或工程类的毕业项目，他们可以借助学校的科技实验室来完成，抑或是通过导师计划在商业机构、政府机构或者大学实验室完成自己的项目 配备 18 位实验室技术教师	高级模拟电子技术	选修
		高级通信数据流	选修
		高级通信信号处理	选修
		高级数字电路	选修
		高级微处理器系统设计	选修
		高级原型制作	选修
		新能源系统	选修
		建筑绘图及设计	选修
		电子音频	选修
		自动化和机器人 1	选修
		自动化和机器人 2	选修
		传统能源系统	选修
		设计与技术（IBET）	选修
		通信系统入门	选修
		工程学入门	选修
		原型开发与制作	选修
		专业计算机辅助设计	选修
计算机	计算机课程开展已有 7 年，其目标是提供世界级的计算机教育，并向其他学术机构提供课程材料系列课程，为 9 年级入学新生开展宣讲，为学生参加计算机分级考试提供介绍信息，同时提供修学流程图 配备数学教师 8 名、实验室技术教师 5 名	计算机科学基础	选修
		计算机科学基础高级	选修
		数据结构（包含计算机科学 AP 课程 A）	选修
		人工智能 1	选修
		人工智能 2	选修
		计算机视觉 1	选修
		计算机视觉 2	选修
		移动应用开发	选修
		并行计算 1	选修
		并行计算 2	选修
		网络应用开发	选修

类别	课程类别简介	课程名称	课程类型
数学	数学类课程是一类综合性课程，囊括统计学、代数、几何、离散数学议题、三角学、函数和微积分。该系列课程帮助学生顺利完成他们同时期学习的科学课程。该类别也开设大量选修课程，包括多元微积分、线性代数、复变函数、密码学和微分方程等。本类课程中涉及大量使用图形计算器和计算机 系列课程提供修学流程图、分级考试说明、教材推荐、数学和计算机课程学习建议以及学期活动等 配备15位数学教师、1位实验室技术教师	研究统计学1	核心
		TJ数学1-5	核心
		TJ数学2.5	选修
		TJ数学6	核心
		AP课程微积分AB	核心
		AP课程微积分BC	核心
		密码学	选修
		研究统计学2	选修
		多元微积分	选修
		线性代数	选修
		概率论	选修
		高级数学技术	选修
		具体数学	选修
		复变函数	选修
		微分方程	核心

从表3-2可以看到，在以核心课程满足所在州对于所有学校理科课程统一要求的基础上，学校开设了大量学科方向的选修课程，并配备了相应的教师。尽管课程数量庞大，但每一门课程对于自身都有精准的定位。以下是计算机科学类别中部分课程的概要，通过比较这些描述内容，便能看出即便是看似隶属同一学科方向下的课程，也有具体细分的差别。

自动化与机器人微处理系统：10~12年级开设，选修课。本课程学习闭环控制系统，相比专用的电子电路，该系统由于其具有可编程的分析程序而更加灵活好用。课程将介绍到多种微控制器和传感器，它们将作为骨干应用于固定或移动的机器人平台。学生使用个性化定制部件以及现成部件解决诸如迷宫导航、物体识别、对象操纵等问题。课程内容也包括相关术语、相关职业选择发展和机器人系统安全等。对于那些想在自动化和机器人实验室实现构想和制作设备，从而完成毕业项目要求的学生，建议至少用一个学期学习本课程。

自动化与机器人系统：10~12年级开设，选修课。本课程学习自动化和机器人系统的搭建，其重点在于设计和控制。课程以问题解决活动为主，着重设计各种机器人以实现具体功能，以及创造这些设计方案本身。课程利用面包板、VEX 结构构件和电子控制装置来完成各种自动化和机器人设备的模型。课程内容也包括相关术语、相关职业选择发展和机器人系统安全等。对于那些想在自动化和机器人实验室实现构想和制作设备，从而完成毕业项目要求的学生，建议至少用一个学期学习本课程。

自动化与机器人研究：11～12 年级开设，选修课。学生在本课程中，将自己的工程学构想付诸自动化系统的设计和制作当中。他们探究机器人系统的搭建模块，包括传感器、分析器、制动器和驱动程序等。学生要整合自动化与机器人系统、电子学和计算机编程的相关概念去解决问题。实验室可供个人独立或以小组形式开展项目。

自动化与机器人导师计划：核心课程。被选中参与的学生有机会与华盛顿地区的相关专家共同工作，并完成自己的毕业项目。在学生计划、实施、撰写报告以及项目展示的全过程中，要同时咨询合作专家和学校的实验室。要想加入此计划，学生首先应成功申请到学校某实验室。然后学生要递交一份导师计划申请书，其中包括至少两位学校教师的推荐信（其中一位应该是学校实验室技术或科学教师，另一位则应该是学校数学教师或计算机科学教师）和一份明确陈述个人研究兴趣方向的项目概述。一旦申请成功，学生将分配到一位与其研究兴趣领域一致的专家作为导师，每周在导师处工作10～15 小时，学校允许学生减少部分在校时间，用于该计划工作。学生在一个学期接受导师指导 180 小时，并获得 1 学分；两个学期接受导师指导360 小时，并获得 2 学分。学校的技术实验室主管以及导师协调员将共同监督。在此过程中，学生需提交开题报告、每周日志、口头报告、项目总结、结题论文和海报展示。

比较这四门课程，可以发现前两门课程意在打牢根基，学生在学习该课程时主要学习相关的理论和技术、累积动手实践经验；后两门课则主要是建立项目，学生在实验室或校外开展自己关于自动化与机器人方面的毕业设计项目。而前两门课的内容又各有侧重，其中一门偏重设备结构模型的搭建，另一门则侧重控制传感器的实现功能。

3. 课程建设对标课程文件，以科学教育理论为驱动

TJ 在建设课程时，对课程的具体目标做出了详细的阐述，而这些具体内容与课程标准保持一致。以学校的生物学课程（IBET）为例，学校对其课程目标进行了三个层次的具体描述，内容节选如下。

设计和开展调查：

（1）在实验室和野外记录对生物的观察结果。

①收集初步观察结果，包括定性和定量结果；

②在实验室和野外记录观察结果；

③形成正确使用复式光学显微镜的技能；

④将复式显微镜与另一种放大物体的方式进行比较或对比。

（2）基于观察结果和科学文献提出假设。

①区分观察结果、推论和预测；

②基于因果关系提出假设；

③利用观察结果和科学文献支持假设；

④理解科学家针对可观察的自然现象展开调查。

（3）定义变量并设计调查以检验假设。

（4）利用图形或数据计算为工具进行数据分析。

（5）基于记录的定性或定量数据得出结论。

（6）识别并讨论实验设计中的误差来源。

（7）确定数据的有效性。

（8）安全使用化学药品和仪器。

（9）运用技术收集数据、交流结果、建模和模拟。

（10）利用科学文献开展研究。

（11）区别科学假设、理论和定律。

（12）指出可选择的科学解释和模型。

（13）应用科学概念。

理解化学及生化过程对生命的重要性：

（1）理解水化学及其对生命过程的影响。

①理解水分子是凝聚的和黏着的；

②辨别出水的化学特性；

③使用 pH 标度将物质区分为酸性、碱性或中性。

（2）理解大分子的结构和功能。

①指出活细胞中的主要元素；

②理解碳原子能互相连接以形成复杂大分子；

③识别出大分子的结构和功能；

④识别出大分子的功能和不同类型；

⑤描述大分子的脱水反应和水解反应。

（3）理解酶的本质。

①描述酶的结构和作用，以及 pH 和温度对酶的影响；

②将酶与催化物建立联系；比较其对活化能的影响。

（4）理解光合作用与呼吸作用中能量的流动。

①解释为什么对大多数群体而言光是能量的首要来源；

②指出并比较光合作用和呼吸作用的反应方程式；

③描述 ATP 在储存和释放化学能方面的作用；

④解释叶绿体和线粒体的功能；

⑤比较和对比有氧和无氧呼吸；

⑥区别不同类型的无氧呼吸；

⑦解释化能合成是生物体的一种供能选择；

⑧计算植物色素的比移值；

⑨描述叶在气体和废物交换方面的功能。

理解细胞结构和功能的关系。

理解古细菌、细菌和真核生物的功能。

理解遗传和蛋白质合成的机制。

理解现代分类系统的依据。

理解种群如何随着时间变化。

理解种群、群落和生态系统的动态变化。

在上述课程目标中，目标（1）直接对应了美国科学课程标准中对于"科学探究与工程学实践"这一维度的要求，目标（2）~（8）则直接对应了该标准中对于生命科学学科核心概念的具体要求。目标中下设的二级、三级目标内容同样指向课程标准中的具体内容。这说明了学校在开发课程时充分遵循参照了国家课程文件的要求和建议。

此外，在开发课程中，学校也力求将各种主流的科学教育理念、策略融入课程之中。学校的课程开设着力于以跨学科的路径最大限度地发掘每位学生在知识、技术和情感技能方面的潜力。例如，9 年级的 IBET 课程和人类学课程就以下列 6 项学习方法为驱动进行开发：①获得有力的沟通技能；②发展协作技能；③系统化情境中思考与工作；④开展真实的项目工作；⑤应对变化；⑥发展伦理。

仍然以生物学课程（IBET）为例，学校大胆地将它作为一门跨学科融合的必修课程，不但借由它一举完成课程文件中对生物学、科学探究与工程学实践等多项内容的落实，也通过它为学生提供了合作开展研究的一手经验和对项目研究方法的理解与实践，为学生未来学习其他领域内容铺平了道路。这门课程的开发实施本身也是 STEM 教育理念落到实处的尝试。学校这样描述这门课程：该课为学校特色课程，9 年级新生必修。课程从分子层面介绍生物学，包括学习生物学课程的学生必需的化学、细胞生物学、生物能学、DNA 科学、演化、生态学、人体解剖学和生理学。课程本着两个目标开发设计：第一，它为全校科学课程的开展打下内容和技能方面的基础。尤其是生物课为学生将来学习 AP 生物学课程做好准备。第二，该课程是 IBET 的一部分，IBET 将各具特性的科学概念、语言艺术与工程学创新熔于一炉，符合真实生活也贴近学生本身。因此生物学课程在横向上表现为不同班级之间的水平衔接（包括对每个小组完成的独立研究项目的限定），在纵向上则指向对高级课程的支撑。每个 IBET 小组都要在一年之内设计并完成一份合作研究项目。之所以要求学生展开合作，是因为产业岗位对于人际交流和技术能力的需求日益提高。课程末尾会按照县内要求加入家庭生命教育的统一课程内容。完成本课程的学生则需要参加并通过州内组织的学业考试。

4. 为学生的课程学习路径提供规划建议

对于某个专门的学科或领域，学生可能需要由浅入深地逐渐学习。面对丰富的课程，学生作为零基础的学习者往往无法直接安排出合理的学习路径。此时，学校为学生提供的指导建议就非常重要。TJ 在完成自身体系化且多元化的课程系统建设后，也根据其自身对课程设置的思路为学生提供了学习规划建议。图 3-1 就是学校为选修计算机科学课程的学生提供的学习路径建议。

从图 3-1 可以看出，学校为学科能力起点不同的学生分别提供了建议，并明确指出了各门进阶课程需要哪些前置基础课程。这样就为学生规划自己的学习安排提供了有力支持，有助于他们顺利完成各门课程的学习。此外，从这样的路径规划方式也可以看出，TJ 在设置选修课程时，课程之间是存在逐渐深入和分化关系的，正如计算机科学 AP 课程和数据结构课程为人工智能等多个课程分支的前置基础课程。这使得学校的选修课程体系有层级、更立体，而不是罗列式地设置多门互不相干的课程。

五　丰富多样、保障有力的科技俱乐部活动

TJ 的学生兴趣广泛，尽管课程体系中已经涉及多个学科领域的内容，但要满足所有学生的内容需求仍存在困难。学校的科技俱乐部活动则有效地对这一点进行了补充。学校每天安排 8 节课，第 8 节为学生活动时间。学生可以在此期间开展体育锻炼、补习相关课程，也可以参加俱乐部（社团）活动。

TJ 的科技类俱乐部种类繁多。以 2018 年为例，科技主题类相关社团包括：科学联盟计划、首席宇宙空间、辅助技术俱乐部、天文学社团/天文学与天体物理小组、天文学奥赛、生物建造者俱乐部、未来生物工程计划、生物信息学社团、生物学奥赛、生物学社团、生物技术俱乐部、桥梁俱乐

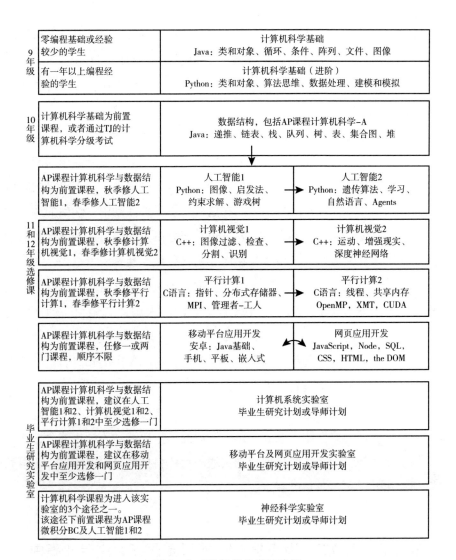

图 3 - 1　TJ 提供的学习路径

部、科技商业、癌症研究社团（TJ）、化学奥赛、化学社团、化学小组、女
程序员之家、计算机安全、计算机小组（分 3 级）、立体卫星、地球耕种
者、开发员俱乐部、数码艺术工作室、电子俱乐部、环境影响俱乐部、环
境资源俱乐部、环境科学俱乐部、全球健康计划、温室效应俱乐部、工程
学概念创新、机器学习俱乐部、数学小组、医学社团、移动音乐开发俱乐

部、神经科学社团、个人电脑（再）造者、物理学小组、产品设计俱乐部、FIRST 机器人、科学与法律、科学奥赛、科学阅读社团、科幻创作、应对21 世纪挑战、明日科技女性、水下机器人小组、无人机俱乐部、科学与工程学中的女性。

从上述俱乐部的开设情况可以看出，学校为了满足学生的个性化需求，尽可能通过俱乐部、社团、小组等形式为他们提供空间。部分俱乐部的活动内容可以视作学校课程内容的进一步延伸，如水下机器人、无人机等内容就与自动化与机器人课程一脉相承，而在这样的俱乐部活动中，学生的注意力聚焦在更为具体的某个议题上。此外，也有部分俱乐部的活动内容涉及科学相关领域甚至交叉领域，如科学与法律、明日科技女性等。

学校开设俱乐部，不仅希望学生能够依照个人的兴趣特长发展能力，也同样希望学生能够在俱乐部活动中掌握和实践与人沟通交流和互动合作的技巧。

纵观托马斯·杰弗逊科技高中的办学案例，可以看出高起点、前瞻性的科学理念和定位对于学校科技教育建设的重要引领作用，基于实证的科学管理促进学校的持续发展，高水平学术任务牵动了学科丰富、层次分明、逻辑清晰、路径合理的课程体系建立，自由开放的俱乐部活动为学生的个性化发展提供了时间与空间。这些从理念到实践的特色科技教育发展经验，值得教育管理者和教育者参考和借鉴。

第二节　案例2：迈克尔·E. 德贝基医疗卫生专业高中

一　走进迈克尔·E. 德贝基医疗卫生专业高中

要以科技为办校特色，课程内容是一项重要的落脚点。美国的科技高中众多，其发展方式各不相同，体现在科技课程的建设方面也是如此。有些学校追求全面铺开自然科学、技术与工程学各学科领域，也有些学校专门关注个别学科领域深入挖掘。本案例中介绍的迈克尔·E. 德贝基医疗卫生专业高中就属于后者，下文将重点对其医疗卫生学科课程开发建设做介绍，以体现该校基于该课程建设科技特色学校的方式。

二　学校发展历史

迈克尔·E. 德贝基医疗卫生专业高中（Michael·E. DeBakey High School for Health Professions，HSHP）成立于 1972 年，是全美第一医疗卫生专业高中。学校位于得克萨斯州休斯敦市，建校之初有 45 名学生参加了贝勒大学医学院的课程，第一届毕业生仅有 32 人。自此以来，该校持续努力为有志从事医药、卫生和科学方面职业的学生提供严密而综合性的大学预科课程。学校借助得州医疗中心为学生提供从事专业医疗和科学研究的经历。

学校采取选拔制挑选学生，就读学生的过往学业成就需在州一级或全国范围内达到平均等级以上，同时参考学生以往荣誉。办学以来学校被授予"得州政府教育优秀奖""全美科技教师协会优秀奖""美国教育部优秀奖""休斯敦市长奖"。学校也获得了美国国家科学基金会、罗伯特·伍德·约翰逊基金会、洛克菲勒基金会的资助，开展增加少数人群参与医疗和科学的试点项目。

学校有 98% 的毕业生继续接受高等教育，对其开展的一项追踪研究表明，这些学生在高中期间为继续学习医疗和科学相关专业做好了充分准备，主要包括：

（1）多数学生被大学录取；

（2）在本科就读期间表现出色；

（3）保持着自身的兴趣并为从事医学方面的职业开展研究；

（4）通常更倾向于把医疗作为职业首选。

相较于其他传统高中学校，HSHP 另辟蹊径，将医疗卫生与科学作为学生的兴趣培养点。该校规模小，人员构成复杂，校舍坐落于知名的得州医学中心，是隶属休斯敦独立校区的一所特色高中。该校课程设置严密，多背景的师资力量为学生提供了坚实的大学预科课程，其中纳入了高阶的有科学课程、数学课程与医学研究和了解医疗职业。

学校对自身的定位明确，将其核心任务表述为：为学生提供具有挑战性而均衡的大学预科课程，关注学生在科学与医疗卫生方面的教育体验，加深学生对多人群、多文化社群的理解。

三 基于独有资源开发的医疗卫生课程

学校开发了系列健康课程（Health Science Courses），作为学校的科技特色课程开展。学校要求所有学生都学习该系列课程，从这个意义上来说，该系列课程有别于其他学校开设的选修课程；而该课程的内容又非美国国家科学课程标准规定的内容，因此该系列课程应该定位为该校必修特色课程。

该系列课程分为基础知识学习部分和医疗实习部分，课程具体设置内容如下。

健康科学原理：9 年级学生学习，学时为一学年。在第一学期中，学生学习医学史、医疗专业人员遵循的安全习惯、沟通技巧、伦理道德和领导力，包括议会程序的使用，以此初窥医疗护理系统。在第二学期，学生学习预防医学，参与职业规划以及终生技能的培养。学生在此期间也要打好医学专业术语和初级解剖学的基础。学生学习当今医疗措施的历史情境由来，以此了解和认同技术革新的重要性以及生物医疗领域的伦理学内容。学生通过学习课程，能够从消费者和潜在医疗护理专家两个视角来认识医疗护理系统。

健康科学：10 年级学生学习，学时为一学年。学生在课上熟悉医疗护理系统中的各类职业，学习解剖学、生理学、医学专业术语、生命体征判别。最终他们要掌握急救的技能以及利用体外除颤器开展心肺复苏术救助，并通过资格认证。

实习课程 1：11 年级学生学习，学时为一学年。实习课程 1 分为四个单元，分别是患者护理实习、医学实验室助理、口腔科助理和健康及康复职业。在此期间，课程将向学生展示大量医疗护理技术并供其实践。该课程的目的在于为学生提供机会，实际应用之前所学的知识和技能。每隔一天，各单元的学生集合碰面学习两次。

在患者护理实习单元（12 周），学生学习医疗护理原则，并在感染控制、急诊患者护理、急救、住院患者护理等方面应用实践这些原则。在得州医疗中心的本·陶布医院，在医疗护理专业人士的监督之下，学生通过观察医院和门诊病人的医疗护理过程进一步提升相关技能。前往医院实习的学生要遵从伦理和专业方面的要求，他们在此过程中也将遇到一些伦理两难困境。

在医学实验室助理单元（12 周），学生学习实验室安全守则和临床实验室使用的基本技术。这些学科包括尿检、血液学、免疫学、血清临床化学、细菌学和寄生虫学。学校具有相当配备的实验室，能够让学生实际操作分析天平、移液器、尿液分析仪、细胞计数器、自动化学分析仪、数码电镜、高压灭菌锅和各种离心机。在课程期间，学生完成 10 小时的在线课程学习，并授予相关证书，该证书为终生有效。

口腔科助理单元（12 周）帮助学生大概了解口腔学专业，学生也会在课上习得专业知识，这些知识对于其个人口腔护理而言也有帮助。

实习课程 2：12 年级学生学习，学时为一年。实习课程 2 亦分成多个学习单元：高级健康科学、导师指导和世界健康研究/生物医药工程。每隔一天，各单元的学生集合碰面学习两次。

在高级健康科学——解剖学与生理学单元（12 周），学生通过课程学习进一步提升其解剖学和生理学的专业水准。在课程结束后，他们能够鉴别出构成人体的主要结构系统，并判断其生理状态正常与否。课程会着重于骨骼肌肉解剖结构和功能，也将展示常见重要关节的伤病。学生组成小组，完成实验室解剖家猫、羊心脏和羊脑。实验室解剖有助于学生基于批判性思维去补充或强化其课堂所学内容。在各单元内容轮换的过程中，学生也会以小组或者个人为单位开展大项目报告，展现出他们的专业性。学生会借助计算机以研究论文、海报介绍、班级汇报等形式完成。

在导师指导单元（12 周），学生将在全世界享有盛誉的得州医疗中心收获激动人心、富有挑战而充满活力的体验。很多知名学府都参与到这一活动中来，包括贝勒大学医学院、MD 安德森癌症中心、得州儿童医院、本·陶布综合医院、迈克尔·E. 德贝 VA 医院、U. T. 牙医学校、得州整形外科医院、休斯敦残疾人康复中心以及圣卢克移植中心。学生基于其先前的医疗或科学研究兴趣选择医疗单位，担当助理，体验医疗健康职业之路。他们一睹多个领域的专家，包括儿科、精神病学、运动医学、神经外科、药学、心脏科、生物医疗工程、急诊科、放射科、神经科、产科、妇产科、整形科、肿瘤科和器官移植服务。

生物医疗工程和世界健康研究单元（12 周）涉及多领域课程内容，学生们检视国际重大医疗顽疾、发病分布及规律、医疗护理系统，并学习技术如何为世界性关注问题提供解决方案。学生需要参加讲座、讨论、实验室工作、课外活动、研究、报告并完成项目。课程内容的设计旨在提升学生对于医疗健康相关的地理、文化、国防、政治、教育和技术限制的了解，意在鼓励学生为解决世界性医疗问题寻求灵感。生物医疗工程这部分内容则通过让学生研究历史、理论、新技术、伦理和职业发展路径而对生物医药和生物技术领域有整体的认识。通过学习现代医疗措施所诞生的历史情境，学生了解和认同技术革新的重要性以及生物医疗领域的人伦。学生也在课程中学会以消费者和未来医疗健康服务者的视角看待伦理问题。

从学校的建设模式不难看出，学校之所以能成功将医疗护理作为科技教育特色，与其对周边的医疗产业和科研资源的充分利用是分不开的。此外，学校的选修课数量虽然有限，但仅围绕医疗护理这一特色，使得学校将全部的建设精力集中于一点，这也是其成功经验之一。对于那些正在考虑或刚刚起步打造科技教育特色的学校而言，本案例在如何利用资源、选择特色生长点以及集中资源力量指向目标打造特色方面都有积极的参考意义。

第三节　案例3：缅因科学与数学高中

一所学校的创办与发展，需要对当下教育形势和实际状况有清楚的了解和分析，对未来的发展路径有准确的判断和清晰的表述，这其中涉及学校的定位、课程、领导力、财务、师资等多个方面的考虑和调配。本案例对缅因科学与数学高中进行介绍和分析，突出展示了以其为代表的科技特色学校在办学发展过程中对长期目标和具体措施的把握。而在具体开展科技教育方面，学校提出了"课程项目＋住宿生活"的模式，并坚信集体式的学习与生活更有益于学生的学业提升和人格培养。尽管有不少学校也采用寄宿制，但将住宿这项内容纳入教育理念并期待其产生促进效果，这样的理念并不多见。

一 走进缅因科学与数学高中

缅因科学与数学高中（The Maine School of Science and Mathematics，MSSM）由缅因州州议会特许成立并给予财政支持，是一所寄宿制的公立示范学校。学校为学生提供了内容广泛而具有挑战性的课程，包括科学、数学、技术、人文与艺术。学校也认为寄宿制环境有利于学生顺利学习课程并取得优异的学业成就。学校于 1995 年建校，是美国 STEM 高中联盟（National Consortium of Secondary STEM Schools）的成员。学校成立之初仅有一个科学与数学实验班，而在当时全美仅有 11 所面向所在州招生、以科学和数学教育为特色的寄宿制示范学校，在新英格兰则只有 1 所——至今仍是如此。

学校的教职工、管理者和董事会成员一致认同，要提供优质的教学，以强化学生的知识，为他们未来的学习做好准备。来学校就读是一次特别的机会，学生应该把握好机会，投入学习与住宿生活中。学校的毕业生经过完备的课程体系学习，不但达到州课程标准的学业要求，更得到学科学业与诚信品质的提升。

尽管学校学生家庭背景不同，但他们有共同的特质——对于学习的热忱、渴望与动机，以及努力学习的承诺。面对富有挑战性的课程和令人兴奋的校园环境，学生们在学习、工作以及与志趣相投的同学进行社会交往的过程中获得持续的学习体验。所有学生都与志趣相投的同学共同经历学习与住宿生活，创设这种将学习与住宿相结合的集体正是学校成功的要因。对于学生而言，学习学校提供的各种必修选修课程是他们的责任之一，而帮助其他同学在学业和个性方面的发展则是其另一项责任。

学校通过以下几个方面完成自己的本职任务。

（1）提供严格的、沉浸式的且以学生为中心的课程，注重科学、数学、人文之间的联系，包括 AP 课程，以开展真实的研究和社会服务作为结束。

（2）通过开展校内具有挑战性的培育项目以及与州内外的研究机构和高等教育机构建立合作关系，为学生提供充足的机会认识到个人发展志向与专业发展目标。

（3）打造良好的住宿环境和学术氛围，促进学生的个人发展、领导力发展、服务意识发展和学业成就。

（4）开发特设项目以激励年轻学子，同时作为缅因州教师共同体职业能力提升的助力。

二 学校发展规划

MSSM 对于内外部条件与形势进行了分析与判断，从而制定了未来发展的规划。这些规划有具体的目标，有明确的表述，也有各方面的基准以判断其实施效果。对于基准的表述，采用了量化的表述方式，从而使得其既可操作也可评价。本节末整理了发展规划的具体内容，其中既有对内建设如课程改善、学生信息管理，也有对外交流如校友联系网络的建立和使用。正是内外两方面的整合，才使得学校能够更全面地逐渐发展。

学校明确陈述了当前的教育理念，并设定了未来的发展计划，这些目标需要在未来 10 年内完成，有助于学校更好地实现其自身的定位职能。围绕这些目标，学校也制定了相应的基准。这些基准是量化可评价的，需要在未来 1~5 年或是 10 年内被检验是否完成。这一计划也将像催化剂一样持续发挥作用，即便学校的人事出现调整或自然流动，学校的发展建设仍将按照计划进行下去。

2017 年度，学校对自身的定位职责表述为：缅因科学与数学高中将全州学习动机最为强烈的高中学生集中起来，帮助他们成为全面发展、勇于创新的学者，具备自我成长、探究和思辨式交流的能力，并以此改善人类生活并造福缅因州。学校设立严格的课程体系，其要求高于州课程标准，并强调科学、数学与人文之间的联系。学校也开展年度创新学习者社群，包括缅因州的学生、教师和公众，以此将学校的定位职能拓展到全州范围。

在这样一个凝聚了尊重、正直、扶持和责任的集体背后，蕴含着多项教育理念，全校上下一致认同这些理念并对它们以例证具体表述。

实现以学生为中心的有力项目：学校重视杰出教职员工和宿管教师的创造力，是他们创造并实施了严格的课程体系和住宿制度。

沟通与协作：清楚明白的沟通过程与团队合作的方式对于帮助学生、完成学校任务是有价值的。

提供有力支撑，促进学生成功：学习的路径非常重要，要让学生在课堂、课外以及住宿生活中意识到自己既是积极投入的学习者，也是设计和实施的主导者。高标准的学业要求和充裕的住宿条件都是很重要的，都需要得到自认落实。学校重视学生的彼此支持，尤其是在他们陷入挣扎困境或是失败的时候；也鼓励学生勇于发声。

充满尊重的集体：集体成员应该互相尊重，并对彼此怀有责任感。

联系紧密的集体：集体成员应该彼此建立密切联系，学生与教职员工之间应该开展安全、诚实、发展信赖的互动。

卓越与能力：在一切能够追求卓越的方面努力。学校重视教师的能力和知识，因此也赋予他们在工作当中的实质性的主导权。

乐于尝新：尝试新项目、新方法，永远走在创新的路上很重要。我们永远作为一个集体去活动与学习，持续改进我们的实践。积极寻找新的观点和视角，放开胸怀拥抱它们。

奉献与热情：为实现学校的职责而做出奉献，愿意为了追求卓越而付出所有必要的努力，这些都是可贵的。全体教师满怀热情为教育做出奉献，把学生的兴趣置于首要位置，这正是学校当前的现状，也是学校得以立足的基石。

表3-3整理了学校近几年发展的目标、目标表述和判断基准。

表 3-3　MSSM 近几年发展规划

目标	目标表述	判断基准
目标 1:让学生和教职员工认可本校,富于创新、令人兴奋	学校要成功,就需要吸引和留住高素质、能创新且积极的教职员工和学生。我们的教师必须在教学法方面做到杰出,在其所在学科领域方面具备专业知识,能够挑战和支持本校的学生,令他们兴奋。我们的学生应该选择这所学校,投入学习之中,在学业和住宿集体生活中做出高水平表现。为了吸引和留住这些有才之人,本校的环境及文化必须是促进创新、开放、成长和活跃的。我们通过信赖、尊重与参与来打造这样的环境。本校应打造这样的校园文化:以学生的成长和成功为最优先;教师充满斗志并具有职业满足感;全校全员投入学习。为了支持这些优先项目,学校将调配校内资源提供保障	到 2018 年,制定全校范围的校园文化评价方案并每年执行,以检测学生和教师的积极性
		到 2019 年,所有教师每年都应该至少参与一项学科组之间的跨学科合作
		到 2020 年,建立现存的由教师和宿管人员对学生提供支持的机制。这些机制将普遍使用于校内的每一位,也有助于促进集体的健康、自我倡导、尊重和责任
		到 2021 年,在教师、管理和替补岗位至少有 12 位在编的带头人
		到 2021 年,所有教师都应开展自我专业发展的提升,必要时学校给予经费支持
		到 2021 年,实现 75% 的教职员工在本校供职 5 年
		每年完成离校人员面谈信息整理并向主管和董事会主席报告
		在 2021 年,对所有职员的报酬和福利开展定性和定量的回顾,之后每 5 年开展一次,并将结果向校董事会报告
		基于其兴趣,学生有机会参与校外活动、课外辅导以及体育活动
		到 2022 年,所有项目完成度达 100% 并完成专业审查,并向校董事会提交报告,其中包括内容、可信度、一致性、在校学生和毕业校友的成就等。通过了解美国 STEM 高中联盟中类似学校的做法进一步充实这一过程
		到 2026 年,为教职员工购置充分的校外住房

续表

目标	目标表述	判断基准
目标 2：在持续的基础上强化学校课程	纵观缅因州的教育版图，多所新的特许学校出现，另一所示范高中成立，而高中学生数在下降，因此本校必须成为州内最强的数学与科学的示范学校，成为一座闪耀的灯塔。本校学生应该配备最好的设施和教育项目以便使他们为将来求学志向的成功做足准备。学校需要通过创新和与美国 STEM 高中联盟中的 STEM 学校、高校、研究所和企业等机构的合作来引领这样一条道路。我们将持续审视和强化学校的核心课程，包括对学生和教师开展研究、与美国顶尖的 STEM 学校合作、与缅因州内的高等教育机构合作	2017～2018 学年，通过增加一名全职社会科学教师来拓展该课程
		到 2018 年，75% 的本校毕业生需修够 32 个大学课程学分
		到 2018 年，每年至少在学生竞赛、论文发表或科学研究方面得到两个全国等级奖项（个人或小组）
		到 2018 年，学生在标准化考试的得分至少比全州和全国平均水平高出 40%
		到 2020 年，利用学校与缅因州高等教育系统的合作关系创设一条路径，使学生能够入选缅因州大学工程师项目，该项目将使学生在高中毕业 4 年后获得工程学硕士学位
		到 2020 年，与北卡罗来纳州科学与数学学校和阿肯色州数学、科学与艺术学校建立合作，寻找一条远程在线学习课程并获得学分的路径。 ①上述两所合作学校至少向本校师生提供两门课程 ②本校向上述两所合作学校及缅因州高中学生至少提供一门课程
		2021～2022 学年，通过增加一名教职员工来拓展艺术课程
		到 2021 年，让所有学生要么至少完成一项科学研究或设计项目（课上或自行完成），要么至少参与一次暑期或 J-term 实习
		到 2021 年，拓展本校的高等教育合作规模，吸纳缅因州的高等教育机构

续表

目标	目标表述	判断基准
目标3：未来十年以策略式和优化式管理学生信息登记	为了改善和强化学校的项目，我们需要尽职尽责地管理学生登记工作，并继续优化发展。本校的许多目标实现都需要新的设施、仪器、项目设置和合理的人员配置。为了提供更好的项目设置并为本校乃至缅因州的学生服务，我们需要准确的学生数量，以支持我们提供课程与活动多样性的能力，并合理地综合年级、性别、社会经济背景和视角。我们将把学生登记与策略性的投资项目、设施和人力资源建立联系，以确保学生在本校的学习体验。学校的登记管理指导原则将遵循以下几个增长参数：①让具备资格的申请者满足州内所有郡县的需求及非住宿生的需求；②让课程项目和住宿管理适于这些学生，并在学生登记的时候给出清晰的项目参与路径图；③为学生合理安排教职员工	对约155名住宿学生保持持续的信息录入，与此同时，逐步定下本校进行中的项目进程，打磨和改善课程，通过优秀的师资来提供州内最好的科学和数学课程，并通过艺术设施建立起学校与世界的联系
		到2017年保证学校的退学率不高于7.6%
		到2020年，让学生性别整体比例保持在1∶1，让获得免费午餐或午餐费用减免的学生比例等同于州内参加AP和IB课程学习学生数比例
		到2020年，提供新的实验室场地，更新现有的全部教室和实验室，为教室增加技术配备，为实验室提供高质量教育水平的装备
		到2026年，遵循增长率参数并为新招录的学生提供住宿条件，包括健身条件、办公室/远程教育教师和集体公共空间
目标4：成为全缅因州学生的教育资源，包括本校在校生和州内其他学生	学校财政的缩减使得很多学区面临挑战，难以为高学业成就的学生提供一系列与之相适应的课程。作为州立机构，MSSM要起到重要而必要的作用，将其项目提供给其他有需要的学区。通过提供高质量的项目、强力的合作关系、远程教育和拓展工作，学校能对正在苦苦挣扎的学区产生最大化的影响，为其高学业表现的学生提供帮助，也为其教育机构内的教师提供专业发展。我们将向缅因州师生以一系列在线和线下项目的形式提供远程教育、课程和专业发展的机会	到2018年，将学校网络升级到1GB带宽
		到2020年，将学校网络升级到10GB带宽
		到2020年，设立远程教育教室以开设和传播高质量的远程教育
		到2020年，为本校未来的潜在入学学生开设并传播在线MSSM数学预备课程
		到2021年，每年动员至少两名教职员工在会议和专业发展项目上做报告
		到2026年，使20000名非本校初高中学生参与本校教育项目和服务而受益，以他们直接参与的形式或者通过对其教师专业能力提升的间接形式
		到2026年，让30个学区的学校以在线或线下的方式使用本校提供的资源（教学计划、实验室、讲座/视频、培训研讨会等）

续表

目标	目标表述	判断基准
目标5:建立校友会以加强毕业生、MSSM(学生与教职员工)、产业界、学术界和缅因州内及全美的科研机构之间的关系	缅因州一直努力挽留其年轻的英才留在本州。缅因州的用人单位与校友之间构成的强大联系网络将在挽留学生于州内这方面发挥有利作用。这个联系网络也将鼓励校友回到缅因州并为其未来发展起到作用。它将把这些与缅因州建立了联系的具有资质的求职人员提供给用人单位的空缺职位。最终,它将为MSSM的学生提供实习和就业的机会,并成为本校学生、校友和州内单位的重要联系网络和资源。我们将投入学校的资源,以强化和维持本校校友的联系网络	到2018年,设立一个带薪职位用于公共关系、市场和促进/改进校友联系网络以及它们对于缅因州主要机构和企业的可接入性
		到2019年,每年面向机构、企业和媒体通过校友联系网络发布4场有意义的媒体发布会
		到2019年,对MSSM退学学生开展针对其12年级生活的退学面谈,对毕业离开MSSM达5年的半数校友开展访谈,分析上述访谈数据
		到2020年,完成基本的问卷调查并建立校友统计数据库
		到2020年,学校基金会利用其强大的号召力开展筹款活动,以支持校友联系网络计划的成功
		到2021年,有75%的校友(1000名校友中大概750名)成为沟通联系网络的活跃用户,以虚拟网络或实际会面的方式

三　学校的信息化建设

进入21世纪,随着信息化在全球蔓延,信息技术素养已经成为每个人的必备素养,学校的信息化建设也成为学校不可或缺的组成要素。MSSM同样意识到这一点,专门阐述了学校信息技术部(IT)的作用与意义,并为学校的信息化建设提出了具体要求。

目标1:通晓学校整体的技术需求。

由于21世纪的工作岗位与生活方式需要人们具有(利用技术)解决问题和清楚沟通的能力,MSSM的教师和学生必须接触到各种技术,这些技术支持各学科领域内容和各层次水平的教与学。与之类似,技术硬件和软件必须满足管理员的需要并为教职员工提供支持。IT部门的责任就是在可用的预算限制和外部资金支持的范围内,满足学校教职员工和全体学生对技术的需求。

目标2:加强学区和社群的交流。

学校依赖互联网和内网满足教、学、管理的需求并与公众开展交流。教师们不仅利用技术使学生投入学习、开展教学和评价，也要利用技术汇报学生学习成果。学生们利用技术学习并展示自己的学习效果，也常常参加一些需要利用技术的项目，利用技术制造一些东西或提供某种服务，以满足学校或者是社区的需求。管理者利用获取信息的能力不但整合校内外的信息，也与校内外展开交流。

目标3：支持课程和学生学业成就。

当技术被善用时，会加强教与学的效果。尽管有些学习用不到技术，而且可能永远会有些学习不需要用到技术，在"21世纪技能"中还是明确认定"技术现在是将来也会是21世纪对工作、社会以及人们生活的驱动力"，还强调信息整合与通信技术在所有年级和学科内容领域对教育的重要意义。因为 MSSM 追求让学生为21世纪的生活做好准备，所以必须持续为教师和学生提供21世纪技能工具，并开展培训以便更有效地利用这些工具。一旦毕业生具备了检索、分析、评价和使用信息的技术原理和技能，他们就在全球范围具备了竞争力。

目标4：满足管理需要。

如今的管理者和办公助理有多种多样的技术需求，要让办公室和学校有成效且有效率地运转就要满足这些需求。如果没有合适而有效的工具、全球化的应用，管理者在处理日常工作的时候就会面临很大的压力。

IT 部门认识到将技术整合于课程、教学和评价是一项持续进行、永不停止的过程，它需要硬件和软件的支持，需要教职员工时刻作为技术的专业使用者，也需要 IT 部门职工利用技术支持教师和学生。MSSM 也会合理配备人力和财力以满足校内每个人的需求。

四 科学课程体系

如同多数科技特色高中，MSSM 也设置了核心科学课程和在此基础上拓展延伸的选修课程。其中也采用了基础课程—荣誉课程—AP 课程的模式，利用荣誉课程作为过渡，帮助学生顺利完成 AP 课程。此外，学校的选修课程为非固定开设，即每个学年、学期仅开设课程总列表中的部分课程，学生选课时以学校公布的实际信息为准。表3-4列举了学校的部分科技核心与选修课程。

表 3 - 4　MSSM 部分科技核心与选修课程

类别	课程名称	课程简介
计算机科学	网页开发	本课程向学生介绍网页开发所用的几门语言、原型和工具。大部分的课程内容将着重介绍基本底层技术,如 HTTP、HTML、JavaScript、JSON 和 CSS,也会花一部分时间介绍高级工具,如网站建设和内容管理系统
	编程与算法入门	课程介绍利用 C++ 编程的基本编码概念。课上将讨论和应用到变量和类型、控制流、程序编制技术、基本数据结构、基本的面向对象编程。学生学习数字逻辑、布尔代数、二进制和十六进制数字系统、存储器组织以及其他计算机组织和架构,以为学生理解操作计算机提供基础与情境。学生参与动手编程项目,涉及问题分解、分析和设计、标准软件工程原理与实践
	3D 渲染与动画	课程向学生介绍 Blender 这个 3D 建模、渲染和动画制作软件。学生利用该软件提供的工具,尝试针对目标和场景制作静态图像和动画。课程专题,如渲染界面介绍,三维目标建模和调整,上色、阴影、材质、光效、运镜、渲染、动画基础及利用 Python 编程。本课程符合美术专业学生毕业的要求
	创意机器人	将技术与创意结合,学生将学习编程和 Arduino 微处理器,以及如何连接电子传感器和制动器。将这些技术与学校的创客空间工具与材料结合使用,学生至少设计并完成一个项目,可以实用也可以发挥想象
	数据结构和算法	在编程和算法课程中已经介绍了一些编程方面的概念,本课程将进一步拓展编程方面的概念。课程向学生介绍标准数据结构和利用 C++ 语言编程的算法,以及更多高级软件开发工具和软件工程原理。需要先学习编程入门或者有 C++ 语言学习经验
	应用开发	本课程介绍为安卓应用平台开发应用软件所需的语言、工具和技术,利用 Java 和 Android Studio 开展编程。专题包括 Java 入门、用户输入、界面设计、传感器整合、数据存储、XML 和 JSON 等。需先修数据结构与算法课程
	游戏开发	学生将学习利用 Unity 游戏开发引擎和 C 语言开发游戏。本课程为基于项目的学习,将通过一系列越来越复杂的编程介绍游戏开发概念以及 C 语言和 Unity 的特性。需要先修数据结构和算法课程
	软件工程与机器人专题	课程为学生提供机会在软件工程或机器人方面探究更高级的专题。软件工程方面专题可包括游戏开发、机器人控制、图像处理、应用开发、库开发等。机器人方面专题可包括机器人或其他电子、电动机械装置的设计开发,或者参加室内外机器人竞赛。教学专题可由教师和学生讨论达成一致。项目可以由个人或小组完成。学生必须能自主学习、在课上或课下独立工作。需先修编程入门以及创意机器人或数据结构课程二者其一

续表

类别	课程名称	课程简介
工程学	应用机械/统计	学习力学系统和平衡、结构模式、摩擦与受力分布以培养分析和解决工程学问题的能力。学生会接触到工程学中用到的数学软件。需先修 AP 课程微积分 AB
科学	物质科学	介绍物理学、化学和地球科学的基本概念,课程涵盖物质科学的基础。在第一个学期,通过认识力、能量流动、温度变化、相变引发地球和太阳系其他组成发生变化的方式,主要学习地球与行星科学。在后一个学期,则将探索物理学与化学,学习原子、点、磁和光
	化学	课程内容包括测量、电子排布、周期律、化学键、反应速率、酸碱和有机化学。课程以实验室为中心开展,并且以历史发展的视角认识化学对社会的重要作用。本课程适合于想要从事健康卫生或非科学领域职业的学生学习。需先行完成数学分班考试
	天文学 1	学生使用现代天文学研究所需要的工具与技能,积极探索与描述那些塑造宇宙的动态变化过程。第一学期从地心学说讲起,直到现代观点和数学模型改变了我们对宇宙现象的解释。课程作业包括阅读、室内外实验室活动、当地天文馆考察、社区服务、观测项目、考试、测验、家庭作业、结课项目、技能面试、专题报告和教科书内容摘要
	天文学 2	在第二学期,学生学习恒星和银河系天文学,并最终接触到当代宇宙科学前沿。天体生物学所开展的探索回应了人类历史最古老的问题
	荣誉化学	荣誉课程性质与 AP 课程类似,可以认为本课程是 AP 课程化学的预备课程,其内容不如 AP 课程难度高,展开进度也慢一些。课程中的实验部分强调实验技能培养和课程内容强化,与 AP 课程对实验技能的要求相当,且更重视技巧和精确度。需先在 MSSM 化学课上获得"B -"及以上成绩或教师批准
	生物学进程与研究	本课程与大学课程水平相当。第一学期课程介绍主要生物进程背后的细胞与生化机制:光合作用、呼吸作用、运输、繁殖、遗传、发育等。重点内容为获取和使用能力制造新的组织以及演化。两学期课程都以实验室活动为主,尤其是第二学期着重开展实验设计、假设验证、数据分析和交流报告。想要参加 AP 课程考试的学生应该选修本课程。需获得荣誉化学课"B -"及以上成绩或教师批准
	解剖与生理学	本课程与大学课程水平相当,介绍人体的结构与功能。第一学期为学生建立细胞学和生物化学基础,以皮肤、骨骼、肌肉、神经和内分泌系统为重点。第二学期介绍感觉器官系统、免疫系统、生殖系统、呼吸系统、心血管系统和消化系统的功能。课上将大量安排动手实验活动及案例分析。需先修化学课程
	植物学	本课程与大学课程水平相当,持续一学期。课程通过学习植物来介绍新陈代谢、细胞和细胞突起、生长与发育、遗传和演化。课程利用校内的温室来实践应用植物学知识,完成学生项目。需先修化学课程

续表

类别	课程名称	课程简介
科学	生物冬眠/冬季生态	所有生活在季节变化明显地域的生物都有其办法应对寒冷的时段。迁徙动物直接通过离开的方式躲避寒冷，但很多其他生物留在原地。那些留下的生物有多种方法来适应低温，以助其应对低温压力。在这门课上，学生将认识很多生物所采用的生化与行为策略在寒冷气候中生息繁衍。课程阅读材料来自两本相关专著及相应学术期刊。实验室研究和学生研究这部分内容将围绕一个项目展开，关于冬眠性黑熊的肾功能在一年四季中的变化，这是本课程导师在其杰克逊实验室休假期间开展的研究
	物理学	这门课程为期一年，旨在帮助学生认识物理世界，其间会呈现数学复杂性的增加。第一学期包括力学、波与声、流体和热力学专题。第二学期主要关注电学、磁、光学和现代物理专题。每周的实验室活动不但加深学生课上所学知识，也通过误差分析的介绍和使用来展示现代科学发展的方式。需在学习微积分 AB 课程之前学习或同时学习，或得到教师批准
	AP 课程化学	AP 课程化学为期一年，与大学课程要求一致。本课程在实验室教学的框架内与 AP 课程要求看齐。课程重点包括实验室安全、实验操作技能、利用化学解决重大社会问题如全球变暖和废物污染、化学对经济的重要性。本课程适合于有意从事化学、医学、牙医、兽医、制药、毒理学、生物学、化学工程及相关行业工作的学生。需先修 MSSM 荣誉化学课程达"B –"以上或教师批准
	有机化学	本课程在荣誉化学课程所授基本原理基础上建立发展。课程介绍化学键理论、有机化学反应机制和常用有机化学实验技能。主要专题包括命名法、化学结构、化学性质和烃类反应机制、卤代烃、醇类和醚。进一步深入学习的专题则包括异构作用、立体化学和光谱学。课程中有大量的实验室工作，包括色谱分析、光谱、蒸馏、有机化合物的特性、分离与纯化。需先修荣誉化学和 ACC 课程并获得 B 以上成绩
	生物化学	本课程学习生物系统中发生的反应，课程专题包括：生物系统中的化学原理、核苷酸的理化性质、氨基酸、蛋白质和水、蛋白质的结构和稳定性、稳态动力学入门、酶机制、控制酶的活动、新陈代谢环路、糖运输及代谢、丙酮酸代谢、柠檬酸循环、电子流和氧化磷酸化、糖原代谢、糖原异生和戊糖支路、脂肪酸代谢与合成、氮处理、尿素循环、氨基酸代谢与合成。课程中有大比重的实验室活动，侧重生物化学与微生物实验技能，包括酶的测定、动力学研究、DNA/蛋白质的分离和纯化、凝胶电泳。需先修荣誉化学课程获得 B 以上成绩并先修生物学课程

续表

类别	课程名称	课程简介
科学	遗传与生物技术	遗传学与生物技术的进步为日常生活带来了巨大影响,应用于医疗、农业、法医、保育、博物学等其他多个领域。这门课上将学习 DNA 和 RNA、基因结构和功能、蛋白质合成以及细胞生物学。学生也将在关于个性化医疗和人类微生物组学项目中使用技术工具,如 PCR、酶切分析、电泳、基因测序和生物信息数据库。课上还会讨论各种生物技术的应用、伦理问题和技术使用的争辩。需先修化学课程
	AP 课程物理学 C	这门课程为时一年,为大学课程难度,以力学中部分热力学专题为重点。微积分是这门课的基础,也常常应用。课程将重点强调相关概念和对概念的理解。每周的实验室活动不但加深学生课上所学知识,也通过误差分析的介绍和使用来展示现代科学发展的方式
	计算生物学	这门课提供真实的研究体验,为学生提供与杰克逊实验室的科学家合作开展研究的机会。学生将获取实验技能和工具,包括应用在复杂形状分析领域的以及其他研究项目中的。课程专题包括遗传学回顾及相关网络资源,并对数量性状基因座和微阵列分析中的统计学应用加以介绍。课程培养的技能包括提出可回答、有意义的科学问题,设计实验、管理时间、留存记录以及书面和口头交流。授课形式包括讲授、详述和学术讨论。需先修完生物学系列课程,同时学习微积分 BC 或以上难度的课程,或是教师批准
	场与时空	这是一门持续三学期的物理学课程,其中包括为期一年的以微积分为基础的讲授内容。学生将在课上探索电磁现象、经典场理论的建立以及这些专题之间的关联。课程专题包括电荷、电场和磁场、静电势、安培定律、电磁感应、积分形式的麦克斯韦方程、电磁波、狭义相对论、相对论运动学与力学以及狭义相对论与电磁学之间的关系。需先修 AP 课程物理学 C

五 课外活动组织情况

学校利用寒暑假组织各种类型的活动,包括校内短期课程、游学以及实习。这些活动对于满足和发展学生的个性化发展、建立职业规划意识具有较好效果。下文介绍的 J-term 就是 MSSM 开展的冬季特色活动内容(本案例只节选了科技主题相关活动)。

J-term 是学校创新式开展的项目,为期 10 天,为学生提供机会专攻某门课程或某个项目。项目为每个学生带来了有趣的内容,也是帮助学生追求激情、满足求知欲的好方法。其具体开展形式有 3 种:深度校内课程、游学和参与实习。

实习项目：在为期两周的 J-term 期间，参与实习的学生与导师配对，观摩学习，钻研他们所选择的工作领域。这不仅为培养学生潜在的兴趣提供了很好的经历，也展现了学生在课堂之外学习的激情。MSSM 乐于在实习安排方面为学生提供建议和帮助，但是学生和其家长要负责大部分的任务，包括联系实习单位、实习导师、交通和住宿。实习时间为 2018 年 1 月 8 日至 19 日（根据实际情况可以申请调整）。学生在实习期间的工作日应该是每天上午 9 点上班，下午 3 点 30 分下班，中间有午餐休息。但是学校也接受有些实习对时间安排比较灵活，这种情况下学生应事先向学校项目负责人递交大概的时间安排并得到批准。如果学生对实习内容特别感兴趣，学校鼓励学生在项目规定时段之外也投入实习工作，例如，工作日提早上班、推迟下班，周末上班或者在规定时段之外提早开始实习等。尽管在实习单位尽可能多花一些时间非常有益，学校也非常鼓励，但是保证实习工作日规定时段的考勤也是非常重要的。

游学项目：2018 年学校组织了两条游学路线开展游学项目。

杰克逊实验室遗传学研究游学：该游学将造访位于缅因州巴尔港的世界著名的遗传学研究实验室——杰克逊实验室。该项目适合对遗传学感兴趣，又想玩点高科技内容的学生。课堂上将满是动手活动，关注个性化医疗和另一个尚未判明的研究选题。个性化医疗以个体的全基因测序开始，之后针对其开发治疗/预防的路径。学生需先修生物学课程，或者正在学习解剖与生理学。对于正在选修遗传学的学生则不推荐本游学。

巴哈马海洋研究：与港岛中学和埃柳特拉岛研究院（CEI）前往巴拿马的埃柳特拉岛。CEI 在热带海洋学与陆地学、资源管理、水产、可持续发展设计方面开展研究。学生将与 CEI 的科学家及本校教师共同参与项目，同时享受温暖的天气、漂亮的风景并开展一系列户外活动。先前的活动包括标记海龟、研究北梭鱼、收集鲨鱼血液样本和解剖狮子鱼。除了研究活动之外，学生也有机会潜水、骑行并探索全岛。

在校特色课程：学校提供的特色课程内容多样，且重视从学生的职业发展、日常生活入手,激发学生的学习兴趣。

电影与文学中的科幻:为何科幻如此流行?在本课程中将探讨科幻类型。在钻研科幻类型这一问题的过程中,我们检视未来主题的定义、长生不老的追求、泰山综合征、时间旅行以及乐观主义与悲观主义如何在故事中体现。我们会观看著名科幻作品如《E. T.》《星际迷航》《侏罗纪公园》《世界大战》等。我们也会阅读短篇作品,包括玛丽·雪莱的《永生者》、纳撒尼尔·霍桑的《胎记》等。在观赏电影和小说后,我们会讨论每部作品的影响。学生会讨论每部作品,分析其文学要素和科幻要素。一旦了解了这些创作科幻作品必需的条件,学生们就合作创作短篇科幻小说并互相分享。学生需先修热爱世间这门课程,最多允许 12 名学生选修。

有机化学:本课程是以实验为基础的有机化学入门课程。在每场 1 小时的讲授之后,将会安排某化学成分合成和分离的实验。学生将学到的技术包括薄膜气象色谱分析、使用分液漏斗、分流、回流和微尺度合成。学生完成实验报告,并利用 PPT 演示文稿做汇报。本课程适于有志从事医疗、化学工程和化学行业的学生。需要在第一学期的 IB 化学课程达到成绩 B 或者完成一年的 IB 化学相关课程达到平均成绩 B。最多 10 名学生选修。

大气科学:为什么有名的酒厂大多在法国、加州、智利、澳大利亚和南非?为什么缅因州比温哥华更冷?全球气候变暖是真的吗?气象学家如何能做出天气预报,我们该相信么?明天会下雪吗?预报飓风与做本地天气预报有差别么?在这门课程中,学生将了解重要的大气变量,其意义以及其作用。学生会接触到大气学数据并做出解释,因此可以解释本地或其他某地的天气并做出预测。课程中可能会造访卡里布国家气象中心。最多招收 12 名十年级以上学生。

建筑学入门:抬头看——你看到了什么?你在教室里?食堂?也可能你在户外。那离你最近的建筑是什么?建筑与城市就在我们身边,但是在日常生活中我们很容易忽略了它们。建筑学是一门分支很细而又复杂的学科,它涉及艺术与科学,需要规划、设计并建造实体,以为人们提供居住、工作、娱乐甚至储藏的场所。这门课上讨论的问题类似于建筑的形状设计由什么来决定？它们如何行使功能？它们如何建造起来？为什么它们对于我们很重要？学生要利用空间思维以发现形状、规律和空间关系，并制造等比例的建筑模型。学习这门课程需要耐心和对细节的注意力。

　　总结缅因科学与数学高中的建设模式，我们能够发现学校通过建设明确清晰且强有力的规划帮学校确立了发展的路径，同时设置了详细的执行策略保证规划落在实处。学校非常重视信息技术，重视培养学生的信息素养，设置了大量的选修和核心课程为全面培养具有全球竞争力的学生打下良好的基础，最后学校通过创新性、有趣、内容丰富的课外活动满足学生个性化成长的需要。缅因科学与数学高中属于综合性全方位发展的模式，适用于具有一定经济实力和师资水平的学校参考。

第四节　案例4：肯塔基州卡罗尔马丁加顿理科高中

　　美国的理科特色高中多以在数学和科技方面有特长、有兴趣的学生为培养对象，为他们提供与其认知水平相适应的教育环境和策略，帮助学生更好地发展。因此各校都根据自身的教育理念、资源等情况展开尝试，探索行之有效的模式。这其中不乏一些学校做出了大胆的尝试，本案例所介绍的肯塔基州卡罗尔马丁加顿理科高中就是其中之一。学校希望学生在完成高中后两年学业任务的同时，也完成大学本科前两年的学业任务。这样一来就大大加快了单位时间内学生的学业进度，使得学生驶入了学业路径的"快车道"。因此这所学校也就形成了自己独有的面貌：仅有两个年级的住宿学校，招收学业表现极为优异的学生，配以开放多样的大学课程，充分依托大学的教学资源。本案例将展现学校在上述方面的具体举措，以体现学校如何紧密围绕其大胆前卫的理念开展学校各方面的建设，从而打造学校的科学教育特色。

一　走进肯塔基州卡罗尔马丁加顿理科高中

　　肯塔基州卡罗尔马丁加顿理科高中（Carol Martin Gatton Academy of

Mathematics and Science in Kentucky）是一所寄宿制学校，招收肯塔基州有才智、主动性强且在未来追求科学、技术、工程学、数学相关职业深度发展方面有强烈意愿的高中学生。学校比邻西肯塔基大学，其学生可以学习大学课程，在大学教师的带领下开展研究，也具有海外留学的能力。除此之外，学校也力图培养学生建立伙伴关系，鼓励学生发展创造力、好奇心、推理能力、将自身创意付诸实践的自律能力，还注重帮学生建立正直的人格以造福社会。学校的目标正是为这些肯塔基州天赋异禀的小科学家和数学家提供更高级的学习环境，辅助他们走向引领肯塔基联邦的未来之路。

每学年，学校大约招收 95 名来自肯塔基州各地的准 11 年级学生，男女各一半。招生标准主要包括学生的学业成就、学分绩点、论述题作答情况、面试表现、校外活动参与情况以及推荐信。与一般的走读学校不同，该校学生住在学校的专用宿舍。学生学习西肯塔基大学的课程，课上既有他们的同校同学，也有西肯塔基大学的本科生。在两年住宿生活结束时，学生将不但完成高中课程，也将另外完成 60～72 学时的大学课程，获得学分。而在此之后，学生可以自由选择留在西肯塔基大学继续学习，或是申请其他大学完成学士学位。这样一来，学生实际上同时完成了高中后两年以及大学前两年的学习任务。面对高中与大学的双重学业压力，学生需要更紧密而高效地利用校园学习时间，这也使得学校采取住宿制更具必要性。

二　招生条件

正因为学校秉持独特的教育理念，也清楚学生需要有足够的学习能力和相应的品格，才能应对挑战、顺利毕业。因此学校有一套明确的招生选拔标准，在其标准中包括学生的理科课程修学背景、以校外活动体现出来的人格发展以及以学业考试成绩为标志的学业水平。考虑到这所学校的教育目标和内容相较其他同类学校有明显的难度，本案例特别对学校的选拔方式做具体介绍。

学生就读的两年间要面临巨大的课程内容压力，因此学校在招生时特别看重学生勇于挑战自我、先修困难课程的经历。学校明确规定学生需完成代数 1、代数 2 和几何学三门课程方具有申请资格，还建议有意申请的学生在

9 年级时完成代数 1 课程，在此基础上于 10 年级时顺利完成代数 2 和几何学的学习。学校了解在肯塔基州，不同学区会对课程的开放有所限制，例如，有些学区并不会将这几门课程向低年级学生开放。即便如此，学校仍然鼓励学生尽可能寻求一切可能性，将这些课程提前修完。

招生负责人同样看重学生的人格发展，具体来说，关注成熟度、个性与独立性三个方面。而负责人往往通过学生参与课堂内外活动的情况来对这三个方面加以判定。学校认为学生的成熟度既是他们成功应对大学水平课程的必要条件，也是他们适应住宿生活环境的必备素质。社会服务式学习则往往是发展学生成熟度的有效方式，同时还有助于学生对自身、家庭和社区建立起责任感。个性指的则是学生为学校带来的激情。尽管有很多学生在数学和科学学科获得很好的成绩，但是只有那些对数理学科充满激情、在相关职业追求未来长远的专业发展的学生才真正适合这所学校。学生是否参加过科学大奖赛？是否积极参加学校的科技节？招生团队会根据学生参加课外活动的情况来判断他们是否真正热爱科技。学校还提供了一份面向 9 年级和 10 年级学生开放的暑期科技活动项目名单，鼓励有意申请的学生早做准备、积极参加和表现。至于学生独立性方面，学校更看重的是学生所参加活动的质量。以 2018 年为例，学校收到近 400 份来自全州的申请材料，需要决定哪些申请者可以从中脱颖而出。此时学校看重的是学生所参加活动的质量如何、口碑如何，而不是学生参加活动的数量有多少、名单有多长。之所以这样判断，是因为学校深知申请者的高中生活也才刚开始不久，并没有那么多在组织和俱乐部等活动中展露领导力的机会。

学校要求所有申请者在提交材料前至少参加一次 ACT（成绩需不低于 22 分）或 SAT（成绩需不低于 520 分）考试。考虑到美国高校建议高中学生至少参加两次 ACT 考试，学校建议学生在 10 年级的年底（12 月）参加一次 ACT 考试，之后将其附在申报材料中。学校建议申请者尽早熟悉相关信息，为考试做准备。学校同时也强调，尽管有些与 ACT 或 SAT 类似的学业考试，但是因为其内容是根据参加考试学生所在年级内容而定的，因此无法替代 ACT 或 SAT 的考试效果。

三　理科课程体系

正因为学校以完成大学前两年课程为基本理念，所以学校依托与之毗邻的西肯塔基大学的课程资源完成了课程体系的建设。与其他同类学校有明显区别的一点在于，学校的选修课充分利用了大学课程资源（很多课程直接与本科生共同学习），对于这部分课程不需要学校自己完成开发工作。与之对应，大学课程的大量引入使得学校的课程体系在选修课程部分呈现了高度的多样性，几乎覆盖了所有科技学科领域。限于篇幅，本案例仅对课程体系整体情况和部分选修课程具体信息加以展示。

学校希望以科学和数学为核心课程打造课程体系，帮助学生追求卓越，力求将课堂与真实世界紧密联系起来。在具体操作上，采用了必修课与选修课结合的课程体系，并给出了详细的修课要求。在课程设置中也将一般高中生需要完成的科目内容（国家或州的统一要求）纳入考量。具体的课程设置情况与要求如表 3-5 所示。

表 3-5　卡罗尔马丁加顿理科高中课程设置情况与要求

课程类型	修课要求	课程名称
数学	学生需选择 3~4 门课程学习。学生必须完成计算式问题解决及微积分 2 两门课程。西肯塔基大学数学学院会对学生进行分班考试，学校根据学生的成绩及先前成绩提供先导课程。如需要学习比微积分 2 更深的课程内容，则可以算在 STEM 选修课部分	三角学
		微积分 1
		微积分 2
		计算式问题解决
科学必修	学生需选择 5 门课程学习。学生必须在每个必修科学领域学完一门课，并至少在一个领域完成两门系列课程	生物学概念：细胞、新陈代谢和遗传
		生物学概念：演化、多样性、生态学
		大学化学 1
		大学化学 2
		计算机科学 1
		计算机科学 2
		大学物理 1
		大学物理 2

续表

课程类型	修课要求	课程名称
讨论会	学生需选择 3 门讨论会。讨论会将持续变换主题,由学校、大学或是所在社区的教职工、专业人士等主持开展	数学与科学讨论会 1(1 小时)
		数学与科学讨论会 2(1 小时)
		数学与科学讨论会 3(1 小时)
STEM 选修课	学生选择 3~4 门选修课。这些选修课由西肯塔基大学各学院开设,学生在选修课程同时也会进入相关实验室	农学系所有课程
		生物学系所有课程
		化学系所有课程
		地理与地址学系所有课程
		数学系所有课程
		物理与天文学系所有课程
		心理学系所有课程
		工程学与应用科学学院所有课程
		联合健康系部分课程
		应用人类学系部分课程
		传播学与紊乱系部分课程
		人体运动与娱乐学院部分课程
		护理系部分课程
		公共健康(环境科学)系部分课程
		公共健康(医疗护理)系部分课程
		公共健康系部分课程
		经济、金融、人类学、社会科学等交叉学科的部分课程

对于 STEM 选修课,学校提供了初步的课程介绍和选课要求,帮学生更好地规划选课和学习路径,表 3-6 以公共健康(环境科学)系部分课程的介绍为例进行展示。

表 3-6　公共健康(环境科学)系部分课程

课程名称	课程介绍及要求
环境科学入门	初步介绍环境科学所研究的问题,帮助学生初步了解如何应用环境科学解决当下的环境问题。与农学 280、生物学 280 和公共健康 280 为同一门课
劳动卫生基本原理	初步介绍劳动卫生领域。调查有毒物质对于人体的影响,学习控制变量法,也包括实地考察。需先修数学 117 或更高课程和化学 105/106 或更高课程,或者得到导师批准学习。需要同修环境 323 课程(本课为环境 321 课程)

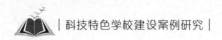

续表

课程名称	课程介绍及要求
劳动卫生基本原理实验	学习基本的劳动卫生研究取样、测量和分析技术。实验包括气流校准标准、个体空气采样泵校准、仪表和室内空气监测方法。需要同修环境 321 课程（本课为环境 323 课程）
空气污染治理	学习空气污染源、自然与人为空气污染、空气取样和分析、大气中的色散与扩散、空气污染气象学、社群空气污染治理的方法和仪器。室内空气质量专题、建模和预防、空气质量管理条例、静态与移动污染源的控制策略。需先修化学 107/108 或更高课程和数学 118 或更高课程
空气污染治理实验	空气污染治理课程的同修课。动手实操仪器和设备，学习方法并对各种类型的物理和化学污染物进行定量测量。学习空气取样、测量和分析方法以及应用于空气污染治理中的基本科学与分析技术
环境毒理学原理	概述环境毒理学。学习环境毒理学在处理生态系统与人类健康关系方面的效果，初步学习用于检测环境有毒成分的存在与扩散的技术。需先修化学 105/106 或更高课程、数学 118 或更高课程和环境 280 课程
食品安全	介绍处理和供应食品过程中的食品安全原则，包括牛奶、奶制品、肉类、贝类和其他食品。介绍食物传染病与卫生标准、监察与评估。需开展校外游学，学生自行安排交通到实地考察处。需先修 6 学时的生物学课程

学校对于学生学业表现的主要方式仍以学分绩点（GPA）和 SAT/ACT 等大型考试成绩为主。

四　学生科研项目

学校在学生开展科研项目方面同样高度依赖于大学的科研资源，这其中不但包括大学的物质科研材料、设备，也包括学生参与真实大学科研项目的机会以及掌握科学研究方法和技能的过程。在这一过程中，来自大学的指导教师起到关键作用，他们应该给予学生足够的关注并具备充足的经验。因为尽管经过高标准的挑选，这些高中生毕竟难以达到大学本科生的同等水平，直接将面向本科生提供的教学指导直接迁移到他们身上未必能获得理想的效果。

学校鼓励学生在学期中或是暑假期间开展科研项目，学生可以凭着自己的兴趣选择一些课上并不涉及的内容来做研究，西肯塔基大学的教师将为学生提供监督和指导。西肯塔基大学本身就因多年鼓励本科生做科研而备受赞誉，他们与学校的合作同样促成了这些高年级高中生做科研的机会。大学里的农学、生物学、化学、物理与天文学、心理学、地理与地质学、工程学、计算机科学相关实验室均面向这些高中生开放。学校对可开展研究的领域进行了简要描述，以帮助学生制订自身项目计划，描述内容如表 3 - 7 所示。学校每年也开展新研究申请调查活动，让研究兴趣不在已有条件内的学生描述自己的研究内容，以期根据西肯塔基大学的资源满足学生的具体需求。

表 3 - 7　学生科研项目情况

研究领域	内容描述
农学	对草皮和高尔夫球场管理、猪、兽医、乳牛、肉牛、马、农艺、葡萄园、园艺方面的研究兴趣可得到满足。过去曾有学生开展的有机肥研究项目为肯塔基州的麻产业做出了贡献。对于从生态学角度和生物学角度对植物学功能开展的研究可以在该领域实现,也可以在生物学领域实现
建筑学	实际动手做出一个真实项目,从在家里用 AutoCAD 制作图纸,到建筑工地上做出实物。此类别以往的项目千差万别领域广阔,从生物拟态式建筑风格,到大音乐厅的音效设计,再到应用于宇航的微型或纳米材料装置
天文学	在 11 年级第一学期修完对应课程后,学生将受邀参与到大学天文学研究团队中参与真实项目。过往的研究项目包括参与 NASA CANDELS 研究、暗物质研究以及行星状星云的研究
生物多样性	围绕以生态及其保护为研究兴趣展开。西肯塔基大学在生物多样性方面的研究包括当地开展的绿河保护项目。过往研究包括黑莓研究、捕鱼、当地草场恢复、恢复森林野生动物走廊、生物声学、水研究、绿河中的濒危蛙类、侵蚀和田鼠。另有一个有趣的研究方向跨越生物多样性与数学,关于矩阵和数学模型能够在多大程度上预测和描述食物网
生物信息学	生物学、计算机科学和数学的交叉学科,寻求解读数据的新方法。学生利用软件来研究基因序列。所有的学生参与基因组探索与发现计划,并有一半时间沉浸在生物信息学研究环境之中
生物技术	很多兴趣都能在这个领域被满足,包括未来医疗职业、分子和细胞生物学以及遗传与基因组解释。过去几年里,很多学生在他们入学的第一年加入了基因组探索与发现计划,这个以一年为周期的项目在每届 11 年级学生中不断流转轮换。该项目获得了全国享誉盛名的霍华德·休斯医学研究所提供的支持,其秋季学期主打生物技术,春季学期则主打生物信息学,其结果则被霍华德·休斯医学研究所收录于带标注噬菌体数据库

续表

研究领域	内容描述
化学	提供了大量机会满足学生对化学方面的兴趣。金属有机骨架材料、用于人体内靶向药物传递的纳米材料/纳米颗粒、太阳能电池开发、新材料如石墨烯优化的材料化学、抗癌研究等都是往届学生曾经开展研究的选题。学生将学到光谱、电泳、动力学等方面的技能。对于化学与地质和地理学的交叉内容有兴趣的学生也可以考虑地质学系的材料分析实验室和地理学系的两个水研究实验室
传播学与传播素乱	这方面研究包括不同文化、听力学、听力和言语病理学方面的内容
计算机科学	研究内容包括密码学、图论、纽结理论、机器人(语音识别、网络化)、3-D观察操作优化、移动应用程序创造(概念化、编码)
工程学(土木)	研究大规模结构的设计和建造。西肯塔基大学在该领域专长包括暴雨/洪水处理系统、材料检测、风的预报和强化材料工程
工程学(电子)	研究电子和电路系统。学习网络、电路和机器人系统相关技能。以往研究包括大型家用电器(如清洗机和干燥机)的优化。学生在开始动手研究之前的一个学期必须完成前置课程
工程学(机械)	应用设计和原理制造机械系统。以往研究包括制造用于航拍的四旋翼无人机、研究木材的触感以及大型公共建筑的取暖/制冷效率。学生在开始动手研究之前的一个学期必须完成前置课程
地理学	包括大量以人类行为如何影响地球及其变化为主要关注点的研究。项目落地与地理信息系统、洞穴测绘、气象学(气象数据分析、天气预报、法医气象学、气候变化)、洞穴与喀斯特研究、水资源、可持续发展、气候变化、陆地开发和环保
地质学	项目涵盖行星地质学、火山活动、肯塔基洞穴和喀斯特复杂网络的本地研究
人体运动学、文体活动	研究项目包括运动科学,新陈代谢、骨骼肌系统和心肺系统如何影响人的健康与疾病
制造生产	提供绝佳的机器人与制造生产实验室供学生设计和制造新产品。提出一个新产品的概念并将其绘制,标定它,用原材料制造它。曾经一个项目利用微型和纳米机器控制材料,应用于航空工程
数学	从过去到现在各色项目包括数学生物学(为促进伤口愈合的氧气疗法建模),某项理论的研究(例如纽结理论),以及为教学目的改换新矩阵
护理	该领域的研究主要审视国际社会对于医疗护理方面需求的转变
物理学	该领域的研究包括材料研究、应用物理和理论物理。西肯塔基大学是新星中心之家,坐拥强力的电子扫描显微镜;应用物理学院的研究项目牵涉当今世界各种当务之急,从网络安全到制造长续航、小体积、轻重量的宇宙飞船运载电池

续表

研究领域	内容描述
心理学	对于那些更倾向于社会科学的学生而言是个理想选择。过去的研究内容包括自闭症患者的社交生活、认知研究、发展/儿童心理研究、性别方面的道德差异、三维空间视觉、学生动机,甚至是球迷的行为研究
公共健康	从本地到全球层面上审视现有的或是正在出现的公众健康问题,在此类研究中会学到生物统计学、流行病学、环境健康学、国际健康学、营养学和生物医学

　　学校也支持学生携自己的项目参加科学大奖赛,并真正将自己的项目成果贡献于科学社群。学校认为正是这种初次的体验使得学生迈入科研的殿堂,为日后学生发展到较高的水准打下基础。因此学校积极为学生创设机会,不但在学校级别的学术交流会议上报告自己的项目,也争取在州一级乃至国家级的会议上开展交流。学校也鼓励学生参加"西门子竞赛""英特尔科学英才发现"等科学大奖赛,甚至尝试撰写论文公开发表。无论何种级别的展示交流,学校都将其具体信息记录在案,并每年制作一本年鉴,将学生独立研究的项目集结发表。学校规定,若要争取优秀毕业生的荣誉,需要完成两个学期以上的独立研究工作。

　　从案例中可以看出,肯塔基州卡罗尔马丁加顿理科高中围绕着"在两年内同时完成高中课程与大学本科部分课程"这样的理念,充分利用(某种程度上甚至可以说是依赖)了高校的资源(课程、科研、材料设备和师资),并从招生、管理、课程建设等方面采取了合理有效的措施,以便使学校的育人理念能够充分地落实在教学中。这所学校的理念与做法在美国的科技特色高中之中独树一帜,说明了特色科技教育并非遵循同样的理念与模式。对这所学校的介绍意在鼓励教育管理者和科学教师广开思路、勇于创新。案例可供参考借鉴的另一点是该校的建设和管理举措与办学理念高度一致,这使得学校的育人理念能够切实有效地付诸实践。

第五节　案例5：伊利诺伊数理高中

一所称职的学校要保质保量地开展教学、培养学生成人成才；一所卓越的学校则要在此基础上展现出责任感与领导力，引领教育共同体的进步与提升。本案例中介绍的伊利诺伊数理高中就是这样一所以科技为特色、堪称卓越的学校。学校通过建设内容丰富而条理清晰的课程体系，融入探究与问题式学习，为学生提供了优质的科学教育。学校也在全州、全美乃至国际范围内积极推广自身的办学模式，引领推动科学教师的专业发展，将优质资源分享给更多的学生。

一　学校历史及定位

建立这样一所高中的主意最初来源于 1982 年在巴达维亚的费米国立加速器实验室举办的一场课程设计工作坊，当时的实验室主任里昂·莱德曼博士（Dr. Leon Lederman）提出了这一设想，他后来成为诺贝尔奖的获得者。如此一来，在伊利诺伊州主管吉姆·汤普森（Jim Thompson）的带领与努力之下，1985 年，伊利诺伊州议会建立了伊利诺伊数理高中（Illinois Mathematics and Science Academy，IMSA），以"为具有数学和科学天分的学生提供独特而有挑战性的教育"，并且"作为本州学校系统的催化剂和教学改进的实验室"。27 年前，当建立 IMSA 的时候，其创建者也许想过或没想过他们将改变世界，无论如何，这样的结果确实发生了。

一方面，作为公立学校，IMSA 招收 10~12 年级具有数学和科学天赋的学生，每年面向全州约录取 650 人。学校从最初建立之时便不属于 K-12 学校建设的体系，实际上学校的预算来自伊利诺伊州高等教育经费。另外，IMSA 牢记自身提升科学教育的己任，不断开展研究和结交战略合作伙伴。其在科学教育的领导力已经达到全美甚至国际水平，影响了大量学生、教师和政府官员：IMSA 在全美 14 个州的 70 多家合作单位推行与他们类似的住宿生大学预科项目；他们向美国和国际的科学教师提供问题式学习

（Problem-based Learning，PBL）的培训；学校的师生多次被邀请参加全美的研讨会做发言报告；美国及国际的多所学校正是以 IMSA 为模板进一步发展建立起来的。

学校以激发和培育学生的创新、人伦与科学思想为己任，以改善人类生活。办校理念则包括：所有人都有同等的内在价值；所有人都能做出自己的选择并为之负责；要融入社群就有承担公共利益的义务；多样性的视角丰富了人们的理解，也激发了探索与创新；诚实、信赖与尊重对于所有关系的发展都是至关重要的；学无止境；学习者作为学习的中心构建意义；没有人的成长路径是一开始就定好的；发现与建立联系的能力是领悟的精髓；我们是这个星球的管理员；我们能为这个星球上生命的进步改善做出非凡的贡献。

像大多数科技特色高中一样，学校对自身的培养对象有清楚的定位，即在数学与科学方面具备一定特长和学习动机的学生，在办学方面秉持尊重个性、为社会乃至人类进步培养科技人才等理念。但与其他学校不同的一点是，IMSA 在建校时就明确了科学教育引领者这一角色，正是这样的担当意识使得学校积极开展面向校外学生和教师的各项活动，铸造了学校鲜明的领导力。

二　学校理科课程体系及其特色

课程是学校教育理念的实际载体，直接指导课堂教学的开展。学校的课程体系内容与形态直接决定了学生的学习路径与体验，从而塑造了学生的科学素养。IMSA 对于理科课程体系的打造体现出几个鲜明的特点。

第一，整个课程体系如同树形结构。以各学科探究课程（数学探究、计算机科学探究、科学探究——物理学、化学、数学）为基础课程，如同树干；在此基础上设置多门拓展课程，供学生自由选择，如同树枝。例如学习过"科学探究——化学"这门课程之后，学生可以从"高级化学""有机化学""生物化学""环境化学"中选择两门课程，正如一棵树干分生了多个树枝。

第二，对课程学习的路径有清晰有效的规划指导，使得跨学科课程得以有效开发实施。学校开设的多门课程都涉及多学科内容，例如"生物物理"这门课程，其内容涉及生物学的问题情境与物理学和化学知识，因此学校明确要求学生具备三个学科的相应课程先行修完后才能选课。类似的需求在多数课程信息中都有所体现，这反映出学校对于学习路径规划的严谨态度，以及教师对课程开发和教学具有丰富的经验和充分的掌控能力。这种清晰而有效的路径，使得学生对于某个学科或领域的深入学习成为可能。如果仍将 IMSA 的课程体系比作一棵树，可以说这么多交叉学科的课程正如树木枝杈相互交错，但彼此都能追本溯源厘清来龙去脉。也正是因为这样清晰的思路，才使得"计算科学"这类典型的 STEM 课程（基于计算机科学思维和技术解决自然科学的问题）得以成功开设。反之，若对于课程内容之间的前后衔接没有充分认识，就仅能以扁平化的方式设置课程，显得选修课程多而不精；即便强行开设多学科交叉、内容深入的课程，也难免存在知识背景和能力储备不足使得教学效果打折扣的情况。

第三，多种途径保障学生个性化发展。在课程内容和授课方式上，学校尽可能考虑到所有学生的学习风格和能力表现，力求在保证学业质量的基础上帮助学生提高学习效率。以数学类课程的核心课程"微积分"为例，学校开设"微积分 AB"和"微积分 BC"两类课程，分别采用不同的授课方式，前者接近于传统高中课堂的讲授风格，后者则强调通过学生的探究和归纳总结学到知识。而对于"微积分 BC"同样的课程内容，又分别设置了三学期学完的系列课程和两学期学完的系列课程。这就使学生有更大的选择空间，以适合自己的方式和步调开展学习。相应的，为了使这样的个性化发展更符合实际情况且便于操作，学校也采取了多种方式对学生的课程选择进行分流。学校数学部会对学生开展统一分班考试，根据学生的表现为其建议课程学习路径。此外，任课教师、课程组长也可以根据学生的意愿和其上课的表现批准或推荐学生选修某些课程；学生若在某些考试中获得相当的成绩以表明能力，则也算作满足条件，可以选修某些课程。如果说分班考试是"整体分段"，那么教师判断和其他资格证明则是"局部微调"，其目的都是保障学生在选到匹配认知能力的课程基础上，提高学习效率，缩短学习路径。

第四、课堂教学灵活地采用多种教学形式，将科学探究融入课程体系。学校在课程信息中注明了授课的方式或策略。实验室活动、引导式探究或建模、小组讨论、书面和口头报告、（开放式）科学探究、讲授，这些方式往往以不同的组合方式出现在不同的课程中。多门课程强调通过动手实践巩固课堂所学内容，同时培养必备的操作技能。而出现最多的方式仍属科学探究。学校将"科学探究——物理学、化学、生物学和科学探究方法"作为科学类课程的基础课程，其他选修课程则多以它们中的一门或几门为基础，足见学校对科学探究的重视，将其以如此大力度地融入科学课程，即便在同类理科高中之中也不多见。与多样化的教学形式对应的是多元素构成的课程评价。多门课程采用了考试与大项目书面和口头报告相结合的方式来考查学生实际的学习表现。

此外，部分课程对于课程内容与当今实际生活的联系应用、学生对于课程内容的主观意愿等方面都有侧重，并在课程介绍中有所体现，值得详细了解和借鉴。表 3-8 列举了 IMSA 对于数学、计算机科学和科学课程的详细信息，供阅读参考。

表 3-8　IMSA 数学、计算机科学和科学课程情况

学科	课程名称	开设年级	学时	前置课程需求	课程介绍
数学	几何学（核心）	10～12年级	一学期	数学分班考试	这门欧几里得几何学课程是为代数背景较强的学生开设的进阶课程，除了含有一学年标准几何学课程的内容之外，课程还注重问题解决、代数复习、猜想和证明。学生也有机会利用计算机动态地探索几何学
	数学探究 1/2（核心）	10年级	两学期	数学分班考试	数学探究课程整合了微积分学习前置的所有专题，在课程中，学生要学习数学概念，做出推测，并为论断做出符合逻辑而有效的论证，课程同等强调口头和书面的交流。其中的数学探究1/2课程中，第一学期侧重高级代数技巧、线性关系、方程及其应用、数据分析和建模以及函数入门。第二学期侧重学习矩阵、初识数列、函数及其变形以及指数函数
	数学探究3（核心）	10～12年级	一学期	数学探究 2 及几何学或数学分班考试	在数学探究 2 课程的基础上，数学探究 3 将为学生拓展函数的概念和应用，包括对数函数、多项式函数、有理函数和三角函数

续表

学科	课程名称	开设年级	学时	前置课程需求	课程介绍
数学	数学探究4（核心）	10～12年级	一学期	数学探究3或数学分班考试	数学探究4主要研究序列、向量、高级三角学、极坐标、复数以及数学归纳法
	AB微积分1（核心）	11、12年级	一学期	数学探究4及教师推荐	AB微积分课程是两学期的系列课程，包括AP课程微积分AB课程大纲中所有概念。第一学期的课程主要讨论极限、导数及其应用 IMSA的AB微积分课程在授课方式上更接近于传统高中课堂上的授课方式，学生可以根据对不同风格的适应程度进行选择。学生在学习数学探究3和4的过程中，授课教师也会根据学生表现推荐学生选择AB微积分课程或者BC微积分课程。BC微积分课程含有部分AP课程中"C"专题的内容，这些内容在AP课程微积分BC考试中会有涉及，但AB微积分课程中则不包含 IMSA多年累积的经验表明，仅靠自学或家教指导的学生很难较好完成后续的微积分课程学习，因此学校不接受学生自学微积分课程，且只有在他校的AP课程项目或是IMSA的大学预科项目中完成的微积分课程学习才能得到认可。学校也不建议学生通过暑期课程快速将微积分学完，而是选择学期课程打好坚实的基础
	AB微积分2（核心）	11、12年级	一学期	AB微积分1	第二学期的内容主要侧重AP课程微积分AB课程纲要中积分这部分内容及其应用。完成AB微积分课程的学生相当于完成了大学微积分课程一学期的内容
	BC微积分1（核心）	11、12年级	一学期	数学探究4及教师推荐或数学分班考试	BC微积分为三个学期的系列课程，涵盖AP课程微积分BC课程纲要中的所有内容。课程涵盖微积分基础，包括变化率概念及应用、导数、反导数和极限。借助技术，这些内容将通过图解、数值和分析的视点所呈现 BC微积分课程的授课方式类似于数学探究3和4的特点，主要由学生多多探究，并自己归结出相应的观点 BC微积分课程的内容较AB微积分课程更深，适合于那些对于数学有浓厚兴趣且做好充分准备、愿意应对挑战更高效而深入地学习数学的学生

续表

学科	课程名称	开设年级	学时	前置课程需求	课程介绍
数学	BC微积分2（核心）	11、12年级	一学期	BC微积分1或数学分班考试	第二学期的课程进一步学习导数并开始学习积分的概念和应用。技术应用是这部分学习开展的重要因素
	BC微积分3（核心）	11、12年级	一学期	BC微积分2或数学分班考试	课程内容包括数列、微分方程和极坐标图
	BC微积分1/2（核心）	10、11年级	一学期	数学探究4及教师和数学课程与评价组长推荐	BC微积分1/2和2/3课程为两学期的系列课程，与BC微积分三学期的课程内容完全一致，但是旨在利用更短的时间完成学习任务。课程主要通过课内外的小组或大型讨论来促进学生掌握理论。课上同样用到技术，通过图解、数值和分析等视角帮助学生学习
	BC微积分2/3（核心）	11、12年级	一学期	数学探究4及教师和数学课程与评价组长推荐	
	博弈论与理性	11、12年级	一学期	数学探究4	课程初步介绍概率、博弈论与理性的概念。部分基础概率将帮助学生更好地领会博弈论与理性决策，之后会介绍一些零和与非零和博弈。最后，课程会讨论到多人博弈及其应用以介绍决策论
	现代几何	11、12年级	一学期	数学探究4	正如其"丈量土地"的本意，几何学创始之初人们尚认为地球是平的。而在现代，地球乃至宇宙均被认为是弯曲的。几何学自身发展，与之相适应，并使得其领域比以往更丰富。在这门课上，学生学习那些远超欧几里得几何之外的观点，专题包括公理体系、投影、球面、双曲线几何、纽结理论、折纸以及其他由教师或学生提出的专题
	统计探索与描述	11、12年级	一学期	数学探究3和科学探究方法	该课可以作为大学统计思维的入门课程，它包括两大主题：①探索数据——借助图解或数值分析技术来发现数据中的规律和违背规律的异常；②设计和实施问卷调查及设计和实施实验。该课是统计学实验和推论课程的前置课

学科	课程名称	开设年级	学时	前置课程需求	课程介绍
数学	统计学实验和推论	11、12年级	一学期	统计探索与描述	本课程提供大学水平的统计学内容。学生学习分析数据并从中得出结论的相关概念和工具。学习随机变量，为开发模型打下基础，从而根据数据做出推论。这门课程强调养成良好的统计学思维，而不是例行的统计学分析过程。学习本课程将为 AP 课程统计学的考试做好准备
	数论	11、12年级	一学期	BC 微积分 1 或教师和数学课程与评价组长批准	本课程让学生挑战探究他们毕生所用的数制。整数集将被公理化地定义，而常见的算术定理将被证明。接着学生探索整除性、质数、四则运算定理、最大公约数、线性不定方程以及积性函数。接着学习线性同余问题和多重同余问题（孙子剩余定理）和特殊同余（威尔逊和欧拉－费马定理）。接着利用这些知识研究将有理数和时数拓展到小数范围。更深入的专题包括素数测定、连分数、密码学入门、倒易率。本课程同时注重算术技巧和严密证明
	问题解决	11、12年级	一学期	数学探究 3 或教师推荐	在这门课程中，学生将利用多种技术和策略解决实际问题，并在此过程中建立数学各学科内或学科间的联系
	高级问题解决	11、12年级	一学期	BC 微积分 1 或教师和数学课程与评价组长批准	学生在课上解决多领域的问题。学生要每周针对给定的问题情境撰写书面的解决方案，以此磨炼问题解决的技能。这些问题包括原创设计的问题。课程也希望学生能够从外部资源中寻找问题并加以解决。课内的部分专题根据学生的兴趣来决定
	图论及应用	11、12年级	一学期	数学探究 4 或离散数学	本课程将从数学学科和科学研究的有力工具两个角度检视图论。学生将学习数论中的概念，如组合、着色、嵌入、匹配、支配，以及相关定理。学生需要以图论的数学术语进行口头和书面表述，并证明一些陈述。本课程的重点将落在离散数学及其工具。课程还将探索将图论应用于化学、神经学、传染病学、社会学、计算机科学和运筹学

学科	课程名称	开设年级	学时	前置课程需求	课程介绍
数学	离散数学	11、12年级	一学期	数学探究3或教师推荐	本课程的专题基于一些数学的概念、观点和算术法，它们以某种形式可以被分为"独立的"或是"不连续的"（即离散）部分。课程中数学内容的主要领域包括社会应用和决策制定（比如投票理论）、计算技巧、排列、组合、图论、递归、算法开发、模式生成以及多种内容识别。课程始终强调个人或小组的调查探索
	多元微积分	11、12年级	一学期	BC微积分3及教师推荐或数学分班考试	多元微积分将微积分工具用于多个变量，专题包括代数和几何向量，多变量函数研究，局部导数应用，多重积分，线与曲面积分，课时允许的情况下也学习格林、斯托克斯和高斯定理
	分析理论	11、12年级	一学期	多变量微积分或高级问题解决或数论以及教师和数学课程与评价组长推荐	以学术视角看待BC微积分课程中的大量概念，课程以严密的数学证明为重点。课上主要讲授的观点包括：数学证明、集合理论、数列、实数拓扑学、极限、连续和微分。学习这门课程需要对数学有较成熟的认识并对BC微积分课程中的概念有深入理解。当课上有学生发起时，学生们也会涉猎相关的理论。课上强调小组合作和学生汇报
	数学建模	11、12年级	一学期	数学探究4且正在学习或已经修完微积分核心课程	建模是利用数学表现某些现象的过程，以便更好理解该现象。本课程旨在展示数学研究与其在不同领域应用之间的关联。课程内容设计多个学科领域，例如生命科学、物理学、经济学、金融学、工程学。本课程将探究如何利用数学解决真实而有意义的问题，以及数学方法是如何覆盖这些领域的。多数所见所学的数学内容是几百年前就创立了的，而在这门课上我们将看到近现代它们得到怎样的应用和发展
	微分方程	11、12年级	一学期	BC微积分3	微分方程用来展现真实世界多种情形并为其建模。当学生借助计算机软件开展模拟探究时，它们将学到多种微分方程的分析和数值求解。在学完微分方程导入内容之后，学生将学习线性与非线性模型，并利用连续与离散的方式去确定方程所代表的现象在长期的变化趋势

续表

学科	课程名称	开设年级	学时	前置课程需求	课程介绍
数学	代数结构入门1、2	11、12年级	一学期	多变量微积分或高级问题解决或数论以及教师和数学课程与评价组长批准	这两门高级课程为学生提供超越微积分难度之上的功课。数学部每年春季学期会在下面两项内容中择一教授。初选本科的学生学习课程1,完成后的学生根据教师和课程组长讨论的意见选择学习课程2 备选内容1,线性代数。内容侧重联立线性方程,以高斯消元解决线性系统并探究矩阵的子空间结构。扩展内容包括正交性和最小平方。从数个角度认识行列式。介绍本征值和本征矢量并讨论一些矩阵(对称、单一、标准等)。应用部分包括奇异值分解和快速傅里叶变换 备选内容2,抽象代数。概述抽象代数,但具体内容较灵活。学习组、子组、同态、不同组的结构(例如有限生成阿贝尔群的结构理论)。学生也探究环,环专题包括理想与同态、比例-积分-微分、UFD、欧几里得整环,场及其扩展内容(如果时间允许)包括对可够造性的应用。课程所有内容都严格要求,学生需做出大学数学专业同等水平的严密证明
	数学高级专题	11、12年级	一学期	多变量微积分和高级问题解决,数论,或代数结构1以及教师和数学课程与评价组长批准	对于修完了所有数学核心课程,也没有其他合适的数学课程选修的学生,可以申请选修本课程。学生与教师共同商讨选定课程专题内容
计算机科学	计算机科学探究	10年级	一学期	无	课程将介绍对于21世纪的学生必须了解的计算机科学基础。通过两个并行的主题教授学生计算机科学的原理。创造性主题:运算是创造性活动,处理数据可以创造知识、抽象概念、抽象程度、复杂度、计算机思维、解决问题、编码(用Python语言)和调试。原理主题:数据和信息、算法、包括计算机运算在内的技术背后的基本理念、硬件、软件和网络、因特网和搜索引擎、多媒体、信息的社会使用及滥用、隐私的基础

学科	课程名称	开设年级	学时	前置课程需求	课程介绍
计算机科学	面向对象编程	11、12年级	一学期	计算机科学探究，或 AP 课程计算机科学 A 或计算机原理考试高于 4 分	这门课程利用面向对象编程的 Java 语言教会学生计算机编程的基本概念，课程强调对象的创设与利用，将其作为多种编程算法的开发的基本工具(例如找到最小公约数、排序数组)、数据结构(例如数组、字符串)和编程过程。基于教学班的编制，这门课还会衍生出部分项目相关的小教学班。已经修过其他部分计算机科学课程(机器人编程、高级编程、计算机研讨会:网络安全、安卓应用开发)的学生即使再选修本课程也无法获得学分
	网络技术	11、12年级	一学期	计算机科学探究，或 AP 课程计算机科学 A 或计算机原理考试高于 4 分	在计算机科学探究课程中的网络技术单元内容基础上，学生将学习制作更多动态和交互页面。高级 HTML 和 CSS，以及基本的 Java 将强化客户端网页，学生也将接触服务器端的脚本处理和应用程序开发。PHP 和 MySQL 将让学生可以开发动态网页来存储、获取和使用数据库表格中的信息。已经修过其他部分计算机科学课程(高级网页技术、计算机研讨会:高级网页技术)的学生即使再选修本课程也无法获得学分
	高级编程	11、12年级	一学期	面向对象编程、机器人编程或者教师及数学课程与评价组长推荐	在面向对象编程课程内容的基础上继续发展，专题包括:继承、界面、多态性、递归、堆栈、队列、树、哈希图、链表以及包括高级分类与检索在内的高级编程技巧。课程重心之一在于 AP 课程计算机科学中个案研究的分析，本课程将帮助学生准备好 AP 课程计算机科学考试
	微控制器应用(数学)	11、12年级	一学期	科学探究——物理和计算机科学探究	在这门课上，学生通过微控制器从外界环境输入并操纵它控制外部装置，在此过程中，学生将学会为一款广泛使用的微控制器编程和调试，并熟悉各种传感器、电源和电机。课程前半部分将侧重于课堂教学活动，而后半部分则由小组项目构成。课程成绩的一半来自考试与练习的成绩，另一半则来自小组项目。选修本课程的同学不可以选修微控制器应用(科学)这门课程

学科	课程名称	开设年级	学时	前置课程需求	课程介绍
计算机科学	高级网页技术	11、12年级	一学期	网页技术或者教师及数学课程与评价组长推荐	课程第一部分在网页技术课程内容基础上进一步拓展。在回顾 JavaScript 和 JQuery Library 之后,学生将学习 PHP 和 MySQL 的高级专题,学习数据库设计和 ERD 图表以及在 PHP 中使用更高级的查询。在 PHP 中将强调面向对象编程的概念。课程第二部分重点将 JavaScript 作为客户端技术,而将 Node.js 作为服务器技术。学生有机会利用这些技术真实地开发、测试和配置产品应用。学生将通过研究和报告学习这些高级技术专题。已经选修计算机科学研讨会:高级网页技术的学生,即使选修此课程也无法获得学分
计算机科学	计算机研讨会:网络安全与安卓应用开发	11、12年级	一学期	面向对象编程、机器人编程或教师及数学课程与评价组长推荐	在前一个单元将向学生介绍安全基本原理、基础安全程序、网络、信息安全、Windows 管理安全、安全威胁与攻击、互联网接入安全,并使用网络取证工具。在后一个单元将介绍安卓环境编程,学生将认识定义安卓平台的基本组成和概念,然后学习包含安卓应用的具体结构。学生概览编写安卓应用的常见工具和技术。学生在课上还将进一步通过研究和报告探索关于网络安全和安卓应用开发的高级专题
科学	科学探究——化学	10年级	一学期		课程旨在向学生引入化学基本概念,为日后高级科学课程的学习做好准备。内容包括:元素周期表和周期律、无机化学命名法、化学方程式书写与配平、化学配比及其应用、化学反应平衡、酸与碱。课程内容通过实验室活动、引导式探究、小组讨论和讲授的方式完成。通过免修考试的学生可以免修
科学	科学探究——物理学	10年级	一学期		本课程教授经典力学中的基本定理,包括牛顿运动定律与动量动能守恒定律,还会介绍场和波。课程内容通过实验室活动、实验、引导式探究、小组讨论、合作问题解决和讲授的方式结合完成。通过免修考试的学生可以免修

续表

学科	课程名称	开设年级	学时	前置课程需求	课程介绍
科学	科学探究——生物学	10年级	一学期		课程包括六个模块:科学过程的本质、结构与功能的关系、演化、遗传、新陈代谢与环境系统破坏。学生通过实验室活动与课堂讨论完成内容学习。本课程特别强调学生通过书面和口头方式表达个人的理解
	科学探究方法	10年级	一学期		本课程外显化地教授科学本质涉及的三块内容:数据获取和分析、实验设计、口头和书面交流。课程活动将帮助学生发展所有科学领域都需要的基本技能,并强调对科学探究的理解和科学研究的本质
	高级化学——结构和性质	11、12年级	一学期	科学探究——化学或同等课程	课程重点将物质的物理和化学性质(性质)与其原子、分子或离子组成(结构)建立联系。课程在实验室环境开展,让学生充分学习和应用基本化学原理。专题包括分子模型、分子粒、化学计算、物质的态、溶液、分光光度法和化学动力学。在课程进行中会适当强调化学定律与相关议题的关系。具体的例子五花八门,从分子极性如何影响生物学系统和气候,到盐如何降低冰的凝固点却能让意大利面熟得更快。课程期待学生能通过实验室体验、分工合作和提出问题来构建和理解化学概念,这与学校的教学理念相一致
	高级化学——化学反应	11、12年级	一学期	科学探究——化学或同等课程	课程通过探索化学反应来学习基本化学概念。课程在实验室环境开展,让学生充分学习和应用基本化学原理。课程专题包括化学平衡、酸和碱、热化学和电化学。课程中会强调化学定律和与之高度相关的议题。具体例子如酸碱缓冲如何影响生物学系统,如何测定食物所含热量,电池工作的原理等。课程期待学生能通过实验室体验、分工合作和提出问题来构建和理解化学概念,这与学校的教学理念相一致

续表

学科	课程名称	开设年级	学时	前置课程需求	课程介绍
科学	有机化学调查	11、12年级	一学期	科学探究——化学或同等课程,学习本课程则不能选修有机化学1或2	本课程为课堂与在线教学混合式课程。课程目的在于帮助学生了解有机化学理论中的基本概念,以及大学水平的必需技能。课程内容包括官能团结构和命名法、基本反应、实验室技术和数据分析。课程全部以认识结构和功能间的关系及比较有机成分异同的方式来开展。课程以探究驱动,动手实验室和网络虚拟实验室帮助学生理解概念。因为通过实际动手能够学习有机化学实验室技术,从而强化学生课上所学概念,而其他时候则为学生创设独立学习的环境以强化其实验技能
	有机化学1	11、12年级	一学期	科学探究——化学或同等课程	本课程帮助学生理解糖类基本规律并达到大学有机化学技能水平,内容包括命名法学习、基本反应、实验室技术和装配,课程以动态和过程性呈现从甲烷到苯的合成来展示有机化学。课程需要学生动手、强调探究和大量的实验室工作。课程最引人入胜的部分将是最后学生利用实验室探究和讨论来分离和鉴定未知有机成分
	有机化学1	11、12年级	一学期	有机化学1	课程帮助学生理解部分有机官能团的基本规律并达到大学有机化学技能水平。内容包括立体化学、命名法、基本反应、机理和实验室分析。课程呈现从醇类到羧酸类及其化合物合成的动态过程。课程需要学生动手、强调探究和大量的实验室工作。课程最引人入胜的部分将是最后学生利用实验室探究和所学概念来鉴定未知有机成分
	生物化学	11、12年级	一学期	科学探究——化学或同等课程及科学探究——生物学或同时选修高级生物系统	这门课程将化学基本概念,如平衡、酸碱和热力学延伸到生物学领域。内容包括:①利用平衡过程研究生化反应以及细胞结构;②学习氨基酸和蛋白质的结构和功能;③分析酶的动力学参数,包括不同的药物如何抑制酶的活性;④理解新陈代谢和其内部关联。课程基于实验室活动开展,学生将大量运用生物技术学习专题,大部分内容会通过引导式探究过程来开展

学科	课程名称	开设年级	学时	前置课程需求	课程介绍
科学	环境化学	11、12年级	一学期	科学探究——化学或同等课程	本课程是一门学科整合课程,探索自然环境中的化学效应相关专题。化学专题包括原子、分子、离子和原子团结构,化学计算,热化学,气体定律,酸碱,平衡与氧化还原。环境专题包括土壤、水和空气中化学成分的资源、反应、运输、效果和归趋。这两部分融汇于日常功课与大型项目之中。课程分为四个部分,对应当今环境化学面临的最大议题:大气化学,水化学,污染和有毒有机物,能量和气候变化。学生将在课上开展取样、定量测量和数据分析等实验室工作
	微控制器应用(科学)	11、12年级	一学期	科学探究——物理学和计算机科学探究	在这门课上,学生通过微控制器从外界环境输入并操纵它控制外部装置,在此过程中,学生将学会为一款广泛使用的微控制器编程和调试,并熟悉各种传感器、电源和电机。课程前半部分将侧重于课堂教学活动,而后半部分则由小组项目构成。课程成绩的一半来自考试与练习的成绩,另一半则来自小组项目。选修本课程的同学不可以选修微控制器应用(数学)这门课程
	物理学:声与光	11、12年级	一学期	科学探究——物理学或同等课程,数学探究3或同时学习科学探究3并获教师批准	课程目的在于帮助学生了解所需的波、声和光的概念。课程内容包括机械振动、波动性和相互作用、声、共振与乐器、光和光学器件。课程偏重实验室工作和项目式学习,以动手探究为主
	物理学:基于微积分的力学	11、12年级	一学期	科学探究——物理学或同等课程,AB微积分1或BC微积分1,同时选修AB微积分2或BC微积分2	本课程遵循典型的大学课程方式授课,课程分为几个经典力学主题,包括牛顿运动定律、直线和曲线运动中的动量和动能守恒,课程侧重于解决问题,包括实验和理论性问题。课程与AP课程物理学C力学考试有较多内容重叠

科技特色学校建设案例研究

续表

学科	课程名称	开设年级	学时	前置课程需求	课程介绍
科学	物理学：基于微积分的电磁学	11、12年级	一学期	科学探究——物理学或同等课程，AB微积分2或BC微积分2，物理学：基于微积分的力学	本课程遵循典型的大学课程方式授课，课程专题包括静电、电路、磁和电磁感应。课程侧重于解决问题，包括实验和理论性问题。课程与AP课程物理学C电磁学考试有较多内容重叠
	行星科学	11、12年级	一学期		本课程向学生介绍行星科学的基本概念以及行星形成和演化的动态过程。课程涵盖大爆炸、恒星演化和行星形成内容，以帮助学生理解地球诞生于何种状况。课程将定性介绍很多反应以及地球各属性间的关系，以及这些反应如何使地球随时间变化。学生成绩将大部分来自考试表现，另外则来自横跨整门课程的一两个拓展项目
	现代物理	11、12年级	一学期	科学探究——物理学或同等课程	课程涵盖20世纪物理学的主要概念，关注狭义相对论、非相对性量子力学和基本粒子物理学，强调概念理解和新环境下问题解决的能力。课程将要求学生对现代物理学专题做深入学习并完成大项目
	工程学	11、12年级	一学期	科学探究——物理学或同等课程	IMSA以改善人类生活为己任，工程学课程则建立在这一任务之上。学生动手研究问题，以小组合作设计解决方案并实施其方案。在完成项目过程中，学生可能用到力学、电学、化学或生物学。学生也可能用到一些工具和方法，诸如CAD、建造模型或原型、3D打印以及编程。通过与工程师的面对面交流，学生将接触到工程学的很多分支，有机会了解工程学高度分化的各个领域。学生组成小组，以美国可持续发展计划为目标，即改善人类生活，设计原创产品。小组要完成项目汇报，包括展示其产品原型

·142·

续表

学科	课程名称	开设年级	学时	前置课程需求	课程介绍
科学	生物物理	11、12年级	一学期	科学探究——物理学或同等课程及科学探究——化学或同等课程以及科学探究——生物学或同时学习高级生物系统	本课程利用科学探究物理学、化学和生物学课程所学概念来学习能量、功率、效率、扩散、热转移和流体流动。这些概念将会在动物活动、适应和演化的情境中学习。除了家庭作业、实验室报告和考试,学生也要自行设计项目
	计算科学	11、12年级	一学期	面向对象编程或机器人编程或在 OOP 考试中有专业表现	课程介绍利用计算机编程解决科学问题。学生学习利用他们编写的程序解决物理学、化学、生物学和其他科学问题。课程将讨论到蒙特卡罗方法、最小化、有限元分析、机器学习和模拟。作业则将面向对象、多态性、数据结构应用到诸如抛物线运动、热力学、反应速率、自然选择、引力作用和人口变化等问题
	高级生物系统	11年级	两学期		课程通过四个专题学习主要的生物系统:生物体发育、分子和细胞生理学及其应用、全球及个人健康、共生世界。学生通过实验室活动、课堂讨论和有引导的建模来完成学习,也会通过以科学理解和解决当下问题为重点的项目来组织学习和应用知识。学生将以书面和口头报告作为重要形式传递其思想。如果学生已经完成科学探究——生物学,则学习本课程不能获得学分
	演化、生物多样性和生态学	11、12年级	一学期	科学探究——生物学或高级生物系统及科学探究方法	课程探索现存生物的演化和多样性,以及它们之间、它们与环境的关系。学生通过地理空间和直到当下的时间线探究生物多样性的规律,其间侧重于先祖、演化机制、物种形成、行为以及现今环境下特殊情境对应的生态学概念
	分子和细胞生物学	11、12年级	一学期	科学探究——生物学或高级生物系统及科学探究——化学或同等课程	本课程学习现代分子和细胞生物学及作为其基础的孟德尔遗传学。学生将探究生物分子的结构和功能、细胞周期调控、细胞信号传导、新兴遗传学和分子技术。最后随着学生理解印记、癌症和生物发育原理,他们将把课程所学所有内容联结起来

续表

学科	课程名称	开设年级	学时	前置课程需求	课程介绍
科学	微生物和疾病	11、12年级	一学期	科学探究——生物学或高级生物系统及科学探究——化学或同等课程	本课程学习微生物相关议题以及传染病与人类防御机制之间的关系。专题包括生源说、细菌和病毒的结构与功能、侵染力与致病性、人类免疫系统,并简介新出现的传染病。学生将在实验室探究非致病性细菌的生活史以达到应有的实验室技能
	生理学和疾病	11、12年级	一学期	科学探究——化学或同等课程以及科学探究方法,以及科学探究——生物学或同时学习高级生物系统	本课程学习人体生理学以及病理、非病理及其他病理情况下的生理变化。课程重点在于整合生理学概念及其他相关的科学概念。专题包括细胞生理学、神经肌肉紊乱、免疫、心肺系统和其他相关内环境紊乱。学生在其主导设计的实验室和项目中获得探究的机会。课程的结尾将通过学生主导的研讨会详述学生对不同人类疾病和状况下病理学和生理学方面的理解
	生物学研讨会:分子生物学实验室	12年级	一学期	分子和细胞生物学	从核酸到蛋白质,操纵和检验生物分子、使用新的分子生物学技术的能力在飞速发展。曾经只能应用于实验室的方法如今被临床广泛应用。本研讨会课程的目的是让学生获取基本分子生物学技术的体验,通过学期内长期的实验室工作,学生可能接触到基因克隆、DNA纯化、聚合酶链反应、蛋白免疫印迹、共免疫沉淀、荧光素酶报告基因检测。此外,在实验室工作过程中,学生也将探索分子生物学中的大数据,研究和展现现代分子生物学技术,并认识到分子生物学研究对于医学的影响潜力

三 学生原创研究的开展和管理

学生开展自主的原创研究在本质上属于最高水平的科技探究活动(探究问题、过程及结果都由学生独立决定并完成),因此不少科技特色高中都开展了这项内容。IMSA 对于学生原创研究有自己的定位判断和管理办法,即"高门槛进、高门槛出"。高门槛进,即学生只有满足一定条件才被允许开展独立研究。这也决定了学校并不期待所有学生都完成这项内容，与之对应，并非所有学生都能争取到这一机会。高门槛出，则指的是学校对于学生研究产出要高标准要求（相对同类高中开展情况而言）。学校在学生管理方面给予积极支持，为学生开展原创研究提供资源和时间，还成立了专门的学生研究部负责相应管理工作。

IMSA 的学生研究部建立于 1989 年，为学生提供了开展原创研究的框架，指导学生提出自己感兴趣的问题、与其他学生和专业科研人员合作并通过口头报告或发表论文向公众分享自己的研究成果。学生研究部开展了一系列的特色项目和举措为学校和校外公众服务，其中与学生开展原创研究关系较密切的是学生研究项目、校园展示日和创办学术期刊。

学生研究项目：在正常学年中，学生研究部设立了学生研究课，课程为1 学分（但不计入所有毕业生要求），并需要评分（通过或失败）。学生与校内或校外的导师合作。项目从设计到实施持续 1 ~ 2 年，最终要在同行评议的期刊上发表论文。学生研究部管理学生提交的项目申请、招募学生开展个人项目、帮助学生联系研究场所并监管学生项目进度和学生成长效果。只有完成了第一年的学校课程（10 年级）并有优异学业表现的学生才有机会入选该项目。学校每周设定研究日（通常是周三），专供学生独立研究之用，并为之提供了丰富的科研资源。校内设有研究中心和发明工作室，学生在获得主管批准之后方可自由使用。学校的信息中心为学生提供书籍、数据库、学术期刊和其他参考资源，中心工作人员也可以提供研究咨询帮助。学校对于学术伦理道德有明确要求，所有参加学生研究部项目的学生须严格遵守。

校园展示日：在这一天，所有 IMSA 学生展示过去一年里自己完成的工作。参与学生研究部项目的学生要介绍自己的研究，即便是正在进行中的研究。其他开展了独立研究或创新工作的学生也会受邀做报告。此外，研究导师们和 IMSA 社群成员也会开展与他们在大学所做研究相关的工作坊，这些工作坊以参加者为中心。这项盛事也会安排主旨报告并由 IMSA 教职工做点评。

创办学术期刊：IMSA 设立了一份同行评议且开放获取的期刊，名为 El Camino，旨在为本校和外校学生发表论文提供场所。其发表选项之广使其容纳了多样化的视点，又不失严谨性。

四　领导力相关项目的开展

多年的科学教育探索和尝试使得学校在教学法方面找到了有效模式，累积了丰富经验。学校积极开展多个面向非本校教师和学生的项目，引导科学教师的专业提升与发展，让学校的资源和经验惠及更多学生。这些工作不但使得 IMSA 为教育社群的进步做出了实际贡献，也展现了其积极活跃的姿态、在教育同行中树立了引领者的形象。下面将介绍部分相关项目的具体情况。

IMSA 承担伊利诺伊州的教师培训项目和活动，以提升教师对于课程内容专业度、增加教学法知识并为学生创造促进发展 21 世纪技能的活动。具体项目包括 IMSA 融合项目和 PBL 培训。IMSA 融合项目既是一项教师专业提升项目，也是面向伊利诺伊州对数学和科学有天赋、感兴趣、学习动机强烈的学生开展的 STEM 拓展项目。该项目特别关注过去在数学与科学方面没有给予足够资源和表现机会的学生。项目面向 4~8 年级师生开展。项目的目标是：保持或提升学生对数学与科学的兴趣、参与度和对应素养水平。强化科学、数学和技术学科的知识与技能；刺激学校良性发展；刺激学校的科学和数学项目积极发展；促进全州在科学、数学和技术方面未能充分给予资源的学生参与到项目中来。IMSA 融合课程是探究式的、以问题为中心且学科整合式的。这种学习过程强调帮助学生"学会如何学习"并强调逻辑、数学思维和科学的实验性思维。课程专题贴近学生生活，因此唤起他们的好奇心并增强了他们学习数学和科学的动机。来自项目参与校的教师都会在传递课程内容和使用合适的教学法方面得到持续的专业提升。教师每年从包含 12 个 STEM 模型的列表中选择 2 个，学习它们并付诸实践。项目合作校都将得到课程、课堂包以及每年开展两个单元的动手动脑 STEM 活动的教师培训和支持。融合课程为参与者提供多种机会开展真实世界情境下的 STEM 活动以提升他们的兴趣。这些探究活动可能包括设计客机机舱、通过灌溉种植作物、设计和制造风力涡轮机、调查海水酸化以及研究植物的基因序列。

以问题式学习（Problem-Based Learning，PBL）培训为内容的教师专业提升项目面向所有学科教师开设，旨在指导他们设计开发有效的 PBL 材料并具备在 K－16 的课堂环境与其他教育情境中的教学技能。IMSA 的 PBL 团队直接与其教师伙伴合作，设计项目来填补这些教育者们对于教学某些具体方面的空白。这通常是多年的长期项目，从最初的 PBL 入门，直到发展出一个具有多层次教师队伍、能够自我持续发展的 PBL 教学团队。该项目建立 PBL 设计学院，让参加者体验作为 PBL 活动学习者参与问题解决。参加者通过与其他培训学员和培训师对话讨论，从这项体验中分析 IMSA 的 PBL 模式中的关键要素。他们把这些认识迁移到为自己的课堂设计问题的过程之中。参培学员也会得到一组经验丰富的 PBL 实践者提供的教学指导。参培者在学院中将会认清与州和国家课程标准与基准有关的学习目标，基于本地情境设计 PBL 系列学习活动，开发教学问题材料和文件，领悟如何指导PBL，设计评价方式和问题文件。

此外，学校的学生研究部还面向非本校学生开展暑期研究项目。该项目面向非 IMSA 学生开放，与学校的专业领域服务项目合作完成。全美的学生均可申请此项目，他们来到学校，跟随研究者（IMSA 教师）开展实际的研究活动，了解研究者所在领域的发展动态。整个项目持续 6 周。其目的一方面是在 IMSA 教师的引导下获得第一手的研究体验；另一方面则是使研究者自己的研究朝向更有意义的方向发展。

从 IMSA 的案例可以看出其作为科学教育引领者的成就，而这些成就与其切实严谨的课程体系设置和对教学的积极探索是分不开的。正如文中介绍，国际上已有多所学校以 IMSA 为原型加以发展，这也说明 IMSA 的办校模式具有参考借鉴的可操作性。案例中的一些内容值得进一步思考与解读。例如，学校内部与对外的多个项目能顺利开展，得益于学校教师具备较强的专业能力。因此建设一支精通学科内容与教学法原理的教师队伍是至关重要的，这也与我国对新时代"教研型教师"队伍建设的需求一致。

第四章
北京市中小学科技教育示范学校案例[*]

　　北京市中小学科技教育示范学校建设的目标是培养全面发展的时代新人，建设一批具有首都特点、中国特色的科技教育示范学校。其主要采取了区里评选、市级认定的方式。北京市中小学科技教育示范学校在全北京市的学校中大约占10%的比例，这些学校代表了北京市科技教育的特色。

　　北京市中小学科技教育示范学校在评选的过程中重视学校科技教育的全面发展，主要以校本课程和科技活动为抓手，特别重视开展一些所有学生都能参与其中、适合本校资源的特色科技活动。

　　北京市是全国高校和研究院所最集中的地区，北京市的中小学在获取校外科技资源方面具有很多优势。本章选取了各具特色的五所北京市中小学科技教育示范学校作为案例，对其进行解析，希望能够给所有想要开展科技学校建设的后来者提供参考。

第一节　案例1：北京大学附属小学

　　北京大学附属小学始建于 1906 年，1923 年校名为燕京大学附属小学，

---

　　* 本部分内容得到北京市学生活动管理中心金鹏科技团管理部门的大力支持，在此表示衷心的感谢。

原校址在现北京大学图书馆处，1952 年改名为北京大学附属小学，1959 年迁入燕东园内。北京大学附属小学的校园是一所拥有百年历史、古木繁茂、环境优雅的绿色校园，现有学生 2100 人，教师 187 人，共有 60 个教学班，占地 40 余亩。

北京大学附属小学关注学生发展的育人理念、丰富厚重的文化传统，卓有成效的素质教育模式使其赢得了社会各界的高度认可。

一　促进学生和谐发展的育人理念

北京大学附属小学秉承了北京大学"爱国、进步、民主、科学"的传统精神和"勤奋、严谨、求实、创新"的良好学风，力求通过民主和谐的学校管理、自主探究的课堂教学、丰富多彩的课余活动、以美育人的校园环境，创设宽松充实的学校生活，最大限度地开发学生的资质和潜能，使之具有良好的品德和个性，身心健康，快乐地学习和生活，为持续发展打好基础。

学校在继承发扬先进的教育理念和光荣传统的基础上，紧跟北京大学"建设世界一流名校"的发展目标，提出并确立了"以人为本、快乐和谐发展"的办学理念，并基于未来社会对人才发展的需求，将育人目标定为："让每一个孩子都得到独具特色的发展，使之成为幸福的、高素养的中国公民和世界公民。"

从学校的办学理念和育人目标中可以看出，学校从以人为本的角度出发，关注学生发展，在将学生培养成为健康、幸福、有价值的中国公民的基础上，还关注拓展学生的国际视野，致力于将学生培养成为合格的世界公民，体现了学校关注学生发展、视野高远的特点。

二　基于培养学生素养的学校科技教育建设

北京大学附属小学结合自身特点，提出培养学生科学素养和信息素养的科技教育目标，积极开发与建设体系化的科技课程，组织与开展丰富多彩的科技活动，将科技教育融入学校的各种教育与教学活动之中，采取适合学生发展的形式与方法，将学校的科技教育工作落到实处。

（一）科技教育目标："培养学生素养"

学校一直以来围绕国家提出的学生核心素养发展以及市区教委科技教育文件精神，努力在普惠与提高两个层面开展丰富多彩的创新型科技教育活动，使每一个从附属小学毕业的学生都有较高的科技素养，为学生的生命发展打下良好的基础。北京大学附属小学的学生大部分是北京大学教职工的子女，他们带着多样化的家庭教育背景和知识积淀走进校园，有着更加敏锐的问题意识和求知欲。

结合自身特点和课程改革的实际，学校提出了"培养学生的科学素养、信息素养，爱科学、学科学、崇尚科学"的科技教育总目标，将"培养具有科学精神，具备科学素养的创造创新型人才；尊重每一个生命个体，为每一位学生的发展奠定基础"作为开展科技教育活动的指导思想，确定"普及与提高相结合、基础与实践相结合、动手能力与创新意识培养相结合"的科技教育原则，立足于学生的全面发展、特色发展。

科技素养是青少年整体素质的重要组成部分，北京大学附属小学提出的科技教育总目标，旨在培养学生的科技兴趣和爱好，树立科学意识、崇尚科学精神，养成运用科学知识和方法思考、解决问题的习惯，从而培养学生的科学素养和信息素养。学校实施科技教育的重点在于帮助青少年掌握科学的知识、学习科学的方法、确立科学的思想，帮助他们树立正确的科学观、人生观、世界观。

（二）体系化的科技课程的建设

1. 学校生命发展课程"三层一五类"重在五大核心素养

学校关注学生的身心健康，尊重学生的个性发展，从关注生命的角度出发，确立以"人作为个体生命的完整性"建构课程、培养核心素养的整体性思路。2010 年，学校组建课程研究和开发团队，校长、副校长、各学科主任及骨干教师参与其中，开启了北京大学附属小学生命发展课程的改革。

2013 年，在"以人为本、快乐和谐发展"的办学理念指导下，结合"让每一个孩子都得到独具特色的发展，使之成为幸福的、高素养的中国公民和世界公民"的培养目标，学校以学生个体生命发展为基点，构建了学校"生命发展课程"体系，现在已列入学校的课程设置和教学计划中，并制定了学业课程综合评价、学科课程满意率评价、家长满意度评价、学科专业人员评价四位一体的评价体系。

2016 年 3 月，教育部公布了《中国学生发展核心素养（征求意见稿）》。该意见稿指出，"学生发展核心素养，是指学生应具备的、能够适应终身发展和社会发展需要的必备品格和关键能力，综合表现为九大素养。"北京大学附属小学课程核心架构为"三层一五类"模型（包含科学和科技类课程）。课程重在培养学生五大核心素养：人文素养、科学素养、健康艺术、社会交往、国际理解。

2. 科学和科技类课程主要内容的设置

（1）科学和科技教育课程的三个层次

科学和科技类课程属于科学素养范畴，是学校生命发展课程群体系的丰富与拓展。与生命发展课程一脉相承，包括三个层次，分别是基础类、拓展类、研究类（见图 4 - 1）。

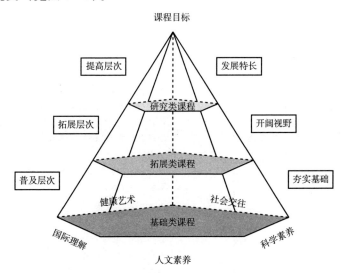

图 4 - 1 科学和科技类课程体系

（2）丰富的科学和科技课程组成

科技类课程包含有 11 门课程，分别是机器人、单片机、碰碰植物、观鸟、天文、模型、无线电测向、DI 创新思维、TTS 动手做、趣味经济学等。

基础类课程主要以小学科学、信息技术国家课程为主，拓展类课程以校内选修课为主，研究类课程则由学生社团活动和志愿者活动组成（见表 4 - 1）。

表 4 - 1　北京大学附属小学科技拓展类课程（含必修和选修）

序号	课程名称	课程性质	授课对象	授课时间	主要内容	教材
1	机器人故事套装	选修	1～2年级	周 二 下 午 2:25～3:35	学生以组为单位利用 Story Starter 核心组合搭建自己的作品，创编自己的故事，互相讨论、学习、分享。Story Starter 核心组合包含 1144 件精选的乐高元件，其中包括已分类的角色、动物、配件、标志元件、基本积木等	自编校本教材
2	机器人 31313 套装	选修	3～4年级	周 二 下 午 2:25～3:35 周 五 下 午 1:30～3:00	以乐高的 31313 器材套装为资源，通过搭建、编程来制作出各式各样的机器人，并能够根据任务来设计机器人，解决生活中的一些问题	《机器人探索》（已出版）
3	机器人 EV3 套装	选修	3～6年级	周 二 下 午 2:25～3:35 周 五 下 午 1:30～3:00	在校本教材《机器人探索》的基础上开设的选修课程，学生自己设计、搭建、编程机器人	《机器人探索》（已出版）
4	机器人 Wedo 2.0	必修	4年级	—	课程分为基础性课程、引导性课程和开放性实验课程，主要指导学生针对科学、技术、工程和数学等相关学科进行实践，比如通过组装小卡车讲解回收再利用的简易工程项目、利用乐高砖块学习植物和授粉知识等	《机器人探索》（已出版）
5	单片机	必修选修	3～6年级	周 二 下 午 2:25～3:35 周 五 下 午 1:30～3:00	以单片机创意设计套装为资源，编程方式为机器代码，输入输出都为数字信号，并配有碰撞传感器模块、光电传感器模块、磁力传感器、声音传感器、光敏传感器、触动传感器、触摸传感器、点阵模块、数码管模块、马达、振动传感器、大按键模块、LED 彩灯模块、风扇模块、遥控接收模块、马达驱动板模块、I/O 扩展板模块、电源扩展板模块、旋钮开关模块、避障传感器模块等	《神奇的单片机》（已出版）

序号	课程名称	课程性质	授课对象	授课时间	主要内容	教材
6	碰碰植物	选修	3～6年级	周二下午2:25～3:35 周五下午1:30～3:00	观察植物的变化、植物微距摄影、自然笔记、认识校园开花植物、认识花、制作叶画、二十四节气、了解农耕知识、育苗、认识多肉植物、多肉植物彩绘、制作植物标本、植物主题大会	《碰碰植物》校本教材
7	观鸟	选修	5～6年级	周二下午2:25～3:35 周五下午1:30～3:00	通过对鸟类知识的学习以及对鸟类的切身观察,自主学习及实践,掌握望远镜的使用方法、掌握基本的拍鸟方法,知道适宜观鸟的季节、时间、位置、方法和注意事项。增强学生对鸟类的喜爱,帮助其感受生物的多样性,感受大自然神奇的魔力,同时培养学生亲近自然、热爱生命、积极向上的生活态度	《观鸟》校本教材
8	无线电测向	选修	3～6年级	周二下午2:25～3:35 周五下午1:30～3:00	认识信号源、测向机;哑点线;交叉定点测向;单向技术;大音面测向;方向跟踪法;短距离测向;校园单台测向;校园多台测向	《定向猎狐》校本教材
9	天文	选修	3～6年级	周二下午2:25～3:35 周五下午1:30～3:00	天文知识,如太阳系、恒星、星座;天文望远镜的安装和使用;天文摄影;天文科普故事和实践探究内容	《天书》校本教材
10	模型	选修	3～6年级	周二下午2:25～3:35 周五下午1:30～3:00	空模(飞机结构、轻骑士弹射式飞机、歼-15模型);海模("海豹"号巡逻艇的结构及制作);建筑模型(校园建筑模型制作)	《模型》校本教材
11	DI创新思维	选修	3～6年级	周二下午2:25～3:35 周五下午1:30～3:00	即兴题训练:动物领袖、信封里有什么、控制其他事物的事物、形状猜想、语言描述图案、非语言通信系统、高塔、独立站立的天平、移动杯子、送球入杯、一高一矮、滑稽表演、马戏表演、逃离鸟笼、气温控制器等	《DI创新思维》校本教材

续表

序号	课程名称	课程性质	授课对象	授课时间	主要内容	教材
12	TTS动手做	选修	1年级 3~6年级	周二下午 2:25~3:35	制作以下TTS模型:小测风仪、高低杠、攀爬天地、旋转飞车、投篮器、啄木鸟、三轮车、喷气车、倍力桥、机器爬虫、吸尘器、国旗升降台、线控雷达、挖掘机、双人舞蹈、手摇发电机	《TTS动手做》校本教材
13	趣味经济学	选修	3~6年级	周二下午 2:25~3:35 周五下午 1:30~3:00	稀缺和选择;生产资源;贸易;货币;创办企业;收益、成本和利润;公司和股票;GDP;通货膨胀;银行;汇率;风险和保险等	《妙趣横生将经济学》(已出版)

（3）课程实施建设

学校科学和科技类课程中有不同的实施方式。基础类科学课程主要在正常教学班级内进行。拓展类科学课程以校内选修课为主，主要在每周二下午年级内选修（70分钟），每周五下午跨年级选修（90分钟），进行体验式学习。研究类社团活动课程则利用每天课余时间，进行探究性学习。

（4）多元的课程评价体系

学校制定学业课程综合评价、学科课程满意率评价、家长满意度评价、学科专业人员评价四位一体的多维度评价体系（见图4－2）。

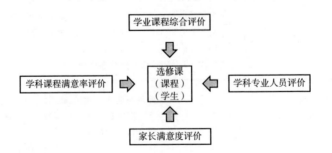

图4－2　多元课程评价体系

通过教师讲义和课程教材等教学资源的设计、学生和家长对课程的满意度评价等方式来关注课程的实施和发展。课程对学生的评价通过成果、团队中的表现、学生自评等方式展现，关注学生的自身感受和对学生的内在长远影响。

（三）形式多样的学校科技活动

丰富多彩的科技活动有利于激发学生对科学技术的兴趣，提高学生的科学素养，促进学生的全面发展。为给学生提供充分的科技活动参与机会，增加学生的选择范围，学校开展了形式多样的科技活动。

1. **面向科学爱好者的聚集地——学校科技社团**

科技社团活动属于学校生命发展课程中的研究类课程。目的在于为学生搭建发展兴趣爱好的平台，使学生在选修课的基础上，了解自己的喜好，能在自己喜欢的科技特长项目上有所发展。因此，社团成员均来自对特定科技项目有浓厚兴趣的学生。

在科技社团中，同时拥有不同程度、不同年级的学生，他们以老带新，分工明确，完成社团内部梯队的搭建（见图4-3）。

图4-3　社团内部梯队结构

科技社团由科任组、信息组老师负责指导，利用课余时间开展活动，并积极参加各级各类科技比赛和活动，取得了优异的成绩。学校目前有8个科技社团，其中机器人社团为北京市学生金鹏科技团。

2. 面向全体的科普盛筵——学生科技节

学校每年会举办面向全体学生的科技节，针对不同年级学生的年龄特点和发展水平，开展适合他们的科技活动。科技节每年确定不同的科技主题，由科任组、信息组全体教师共同策划活动方案和组织实施。

对于低年级的学生，邀请他们参与各项体验活动，如植物温室的碰碰植物活动、天文教室的 3D 电影、机器人项目体验等活动，激发他们对科技的好奇，提高他们参与科技活动的兴趣。对于中高年级的学生，则组织参与性、实践性、挑战性更强的科技活动，如最高的杯塔、最长的纸桥挑战赛，观测太阳黑子和观月活动，科技手抄报和科技制作评比等。

3. 有趣的常规科普活动——年级综合实践活动

学校充分利用年级综合实践活动进行常规科普活动，这已成为学校的特色和传统。各年级每周都要开展一次年级综合实践活动，或是有趣的科普讲座，或是开展内容丰富的综合实践活动。

学校曾邀请北大、中科院、科普协会、野生动物保护协会等单位的专家们进行关于认识宇宙、我国航天发展、认识蛇类、故宫中的科技、人工智能等精彩的科技讲座。同时，还组织各种科技实践活动，如"走进圆明园"活动，了解圆明园的植物和鸟类；参与北京大学地空学院"地小空"的科学实践周活动，了解矿物和晶体；在生科院老师的引领下认识北京大学校园植物；六年级的外出研学，了解山西古建筑和徽派建筑等活动；在中科院专家的引领下，进入中科院的物理、电子信息等研究所，真正与专家面对面交流并参与科学研究。

4. 科普深度游——家长课堂

学校是北京大学的附属学校，家长中包含涉及各领域的优秀人才，充分调动各班家长的热情，在各年级均开展丰富的家长课堂活动，邀请他们进入班级为学生们讲课，为家长提供参与教育的平台。其中有很多以科学和科技为主题的内容，生科院的家长为孩子们讲解《功夫熊猫》中的动物；城环系的家长讲解北京水资源问题和环境保护问题；地质大学的家长为孩子讲解各种矿物，并带来矿物标本等。家长们根据学生的兴趣点和社会热点问题进行深入浅出的讲解，使学生受益匪浅。

学校科技活动的开展增强了学生对相关科学和科技领域的体验，使学生能够了解到科技发展的前沿，促进了学生对于科学、技术与社会关系的认识和理解。

（四）科技教师团队建设

为保证学校科技教育质量，学校致力于打造一批高水平、高素质的科技教师团队。该校在选聘教师时十分注重教师的专业能力水平，同时充分考虑该校科技教师组成年龄分布的合理性。

学校共有专职科技教师 9 位。9 位专职科技教师老中青相结合，有特级教师一位，市骨干教师两位，区骨干教师一位，区学科教师三位。9 位专职科技教师，有一位主管科技的副校长，两位大队总辅导员。两位大队总辅导员各自负责一个领域，带领一个团队。北京大学附属小学多维的科技教师团队，使得北京大学附属小学的科技教育发展全面、系统、扎实。

此外，学校充分利用校内外资源，为科技教师的专业成长搭建平台、提供支持，促进优秀科技教师梯队的发展成长。仅以 2017 年为例，学校就派出教师外出参加市级以上的学习和交流活动 9 次。

（五）学校科技教育教学策略

1. "点—面—体"（兴趣点—课程面—研究体），创设特色课程教学架构和动态研究群体

学校科技教育最初由各个科技项目源起，建立起科技教育社团激发的兴趣点；进而基于多年的科技社团实践，逐步发展开设面向全体学生的多门科技教育必修课程和选修课程；并且依托海淀区少年科学院、北京市学生金鹏科技团以及各级各类科技竞赛、创客创新空间等多面实践，建立起学校特色科技素养课程系列生长面，从而进一步完善充实附属小学特色生命发展课程体系；同时，科技教师承担负责多项课题，以研促教，打造学校内、区域间（海淀）、区域外（北京）的教师动态研究群

体，在促进自身科技教育成长进步的同时，辐射带动更多学校的科技教育发展。

2. 为学生打造从"国家基础课程—拓展类课程—研究类课程"的进阶式学习策略模式

科学和科技类课程属于科学素养范畴，是学校生命发展课程群体系的丰富与拓展，包括基础类、拓展类、研究类三个层次。学生在基础类课程的学习中，以探究式学习为主的多样化学习方式展开，体验科学探究的过程，初步了解一些基本的科学知识和信息技术手段；形成提问的习惯，初步学习观察、调查、比较、分类、分析资料、得出结论等方法，能够利用科学方法和科学知识初步理解身边的自然现象和解决某些简单的实际问题；提升批判和创新意识、环境保护意识、合作意识和社会责任感，为今后的学习、生活以及发展奠定良好的基础。拓展类课程主要以校内选修课为主，这既是国家课程的拓展和补充，也是结合学校实际情况，体现学校育人目标的特色课程。拓展类课程为学生提供多种课程体验的机会，帮助学生寻找自己的发展方向。研究类课程的教学以专业纵深和研究性学习为主，课程涵盖中、高年级学生，与拓展类课程衔接，为明确自己爱好方向的同学提供高阶学习平台。

3. 打造创客创新空间，基于项目学习展开教学实践研究，促进学生跨学科融合学习

为了给予学生更多发展空间，依托北京市、海淀区"十三五"教育规划课题，利用学校是区少科院分院和市金鹏分团的优势，加大硬件和软件的投入，打造创客创新空间，并且在教学中展开项目学习，进行实践研究。通过项目学习，以具有挑战性、真实性的项目实现为目标，大大激发了学生的学习兴趣；并且学会善于借助多种资源，主动学习运用多学科融合知识；在发现问题、解决问题的过程中，增强了沟通交流、团队协作、项目管理的能力，提升了学生创新能力和素养。

同时结合实践，学校正式出版了《机器人探索》《神奇的单片机》《碰碰植物》《趣味经济学》《天书》等教材，2017 年又出版了基于项目学习理

念指导下的改编教材《机器人探索》。并且基于项目的跨学科融合学习——碰碰植物工作坊（植物和经济学）已经在知识学习和实践运营结合上做出了典型示范，成为深受学生喜爱的项目活动。

4. 多维的立体评价体系，关注学生在过程中的收获

学校的生命发展课程体系，包括科技素养课程体系，已经建立了"学业课程综合评价、学科课程满意率评价、家长满意度评价、学科专业人员评价"四位一体的多维评价体系。评价中关注学生在学习研究过程中的体验与收获，鼓励学生深入创新实践，形成实践成果，真正促进孩子们的发展成长，为每一位孩子能够提供适合其发展的方向指引。

5. 充分利用校内外资源，打造合作学习共同体

以课程知识和社团活动为基础，结合创新创意项目，鼓励学生进行多样的选择，展开跨年级、跨学科的项目学习，形成一定的项目成果进行展示交流分享。利用学校家长专业背景，鼓励班级孩子们与家长一起成立项目研究小组，为孩子们打开更为广阔的视野。同时借助周边北京大学、中国科学院等高校和研究所资源，引领孩子们进入相关领域实验室参观，并有机会聆听专家讲座，参与科学研究。通过校内外社会资源的广泛利用、实践活动的充分开展、合作学习共同体的建立，做到普及与提高相结合、学校与社会相结合、课内与课外相结合，促进学生真正成长发展。

三　完备、系统的支持保障机制

北京大学附属小学科技教育的顺利开展有赖于其完备、系统的支持保障机制。该机制主要体现在系统的组织机构设置、完备的制度建设、充足的资金投入以及丰富的资源平台搭建四大方面。

（一）系统的组织机构设置

该校的科技教育工作实行垂直管理、层级管控的策略。具体来说则是校长作为学生金鹏科技团团长牵头金鹏科技团的组织架构、经费运营和大型活动管理工作。团长下设有科技教育中心，中心又下辖多个独具特色的科技团分团，负责多个科技特色项目的具体活动实施。

（二）完备的制度建设

1. 组织管理类制度

表4－2　组织管理类制度

序号	制度名称
1	北京大学附属小学科技教育工作职责
2	北京大学附属小学科技档案管理制度
3	北京大学附属小学档案管理制度

2. 支持保障类制度

表4－3　支持保障类制度

序号	制度名称
1	北京大学附属小学科技教育支持与保障制度
2	北京大学附属小学科技教师培训制度

3. 实施操作类制度

表4－4　实施操作类制度

序号	制度名称
1	北京大学附属小学科技教育工作实施制度

4. 评价奖励类制度

表4－5　评价奖励类制度

序号	制度名称
1	北京大学附属小学科技教育奖励条例

5. 金鹏团专项制度

表4－6　金鹏团专项制度

序号	制度名称
1	北京大学附属小学机器人金鹏团专项制度

（三）充足的资金投入

2015 年至今，为了更好地开展科技活动，促进科技教育的顺利进行，该校为科技教育投入了充足的资金作为保障。其中科技教育整体工作的投入与使用情况具体如表 4-7 所示。

表 4-7　科技教育整体工作的投入与使用情况

单位：万元

序号	时间	设备/设施	软件	教学资料	教师培训	学生活动	其他	总计
1	2015 年 9 月至 2016 年 8 月	23.50	2.35	2.35	11.75	4.70	2.35	47.00
2	2016 年 9 月至今	25.85	2.35	2.35	11.75	7.05	2.35	51.70
	总计	49.35	4.70	4.70	23.50	11.75	4.70	98.70

（四）丰富的资源平台搭建

为促进学校科技教育质量的提升，学校积极主动地利用校内外资源，为教师搭建发展成长平台，促进科技教师的专业发展；为学生搭建学习平台，充分激发学生的学习兴趣、开拓学生视野。

1. 充分利用校内外资源为科技教育老师搭建发展成长平台

（1）鼓励科技特色项目发展建设工作，学校出资为科技教育老师正式出版多本教材、专著，为教师的专业发展提供有力支持。

（2）充分发挥社会资源科技教育作用，继续与北京天文馆、中国科技馆、北京大学工学院和地空学院、北京化工大学、北京教学植物园等单位进行合作，为科技教师深层次的研究提供更多空间。

（3）完善学校的科技教育专家顾问组建设，继续聘请在专业领域有一定影响力的专家学者作为该校科技教育顾问，进一步扩大校外专家组辅导员的专业范围，引领提升科技教育辅导员的专业层次水平。

（4）加大资金投入，建设一支高素质科技教师辅导员队伍。在管理体制上，将学校科技兴趣小组的辅导课时计入教师工作量，并根据辅导学生获奖的业绩，在学期末拿出十几万元经费给予业绩突出教师较大力度的物质奖励。近三年来，该校科技教育的设备设施投入资金已超过 150 万元，每年科技教育活动经费（外地参赛、培训差旅费、展板制作费、聘请专家学者校外辅导员费等）50 万元。

2. 充分利用校内外资源，为学生搭建学习平台

学校为充分调动学生的学习兴趣，促进学生将理论联系实际从而达到学以致用的教学目标，充分发挥自身优势，联合校外多方资源单位，为学生搭建丰富的学习平台。其中校外资源利用情况如表 4-8 所示。

表 4-8　校外资源利用情况

序号	资源单位名称	利用时间	利用方式	受益学生人数	适用项目	备注
1	北京市教委	2015 年 9 月	经费支持、专家讲座、项目引领、教师培训、赛事平台、展示宣传	100 余人	机器人	
2	北京市科协	2015 年 10 月	经费支持、专家讲座、项目引领、教师培训、赛事平台、展示宣传	100 余人	机器人	
3	北京大学 - 科普探秘之旅	2016 年 3 月	专家讲座	500 余人	生命科学	
4	北京大学 - 科学进步与外科手术	2016 年 10 月	专家讲座	500 余人	生命科学	
5	北京少年创客研究院	2015 年 6 月 2016 年 6 月 2017 年 6 月	讲座，培训	800 余人	创客教育	
6	北京大学	2017 年 5 月	专家讲座	800 余人	机器人	
7	中国科技馆	2017 年 10 月	参观	2000 余人	电子与信息技术	
8	国家博物馆	2017 年 3 月	参观	500 余人	生命科学	
9	中国科学院	2016~2018 年	培训	30 余人	物理工程	

四　丰厚的科技教育成果及积极的辐射带动作用

学校鼓励学生参与科技创新大赛、机器人、建筑模型竞赛、金鹏科技论

坛、天文竞赛、观鸟、DI 创新思维、无线电测向等各项目竞赛。在竞赛中，学生磨炼自我，收获友谊和竞技体验经验，对学生的团队合作、意志品质等方面有很好的促进作用。

近三年来，该校学生在国际、全国、市级各类科技比赛中都有出色的表现。获国际金奖 3 人次；国家级各类竞赛各级奖项 40 人次，其中一等奖 13 人次、二等奖 9 人次、三等奖 18 人次；市级各类竞赛各级奖项 193 人次，其中一等奖 77 人次、二等奖 61 人次、三等奖 55 人次。学校还多次获得机器人、观鸟、天文、建筑模型等项目的优秀组织奖。

学校在自身科技建设卓有成效的同时，充分发挥该校科技教育优势，积极带动辐射兄弟院校发展科技教育，展开培训、送课等各种形式的帮扶活动，打造科技教育发展共同体。表 4 - 9 为合作学校、具体合作时间及内容。

表 4 - 9　学校指导手拉手学校或友好单位科技活动

序号	牵手学校或科技活动名称	合作时间	主要活动内容
1	海淀区永泰小学	2016 年 5 月	机器人 FLL 项目讲解
2	海淀区东北旺中心小学	2016 年 5 月	机器人 FLL、VEX……项目讲解
3	北达资源中学	2016 年 11 月	自然观察项目研讨和交流
4	通州区潞河中学附属学校	2017 年 5 月	机器人校本课程、听课评课
5	延庆区太平庄中心小学	2017 年 5 月	机器人校本课程、听课评课
6	顺义区张镇小学	2017 年 6 月	无线电测向项目交流
7	北京大学附属小学集团分校	2017 年 7 月	天文讲座和教师培训
8	北京市科技辅导员学习	2017 年 10 月	北京市科技辅导员参观
9	北京市 VEX 国赛集训	2017 年 7 月	中小学 VEX 国赛代表队集训
10	北京市无线电测向市赛集训	2017 年 7 月	无线电测向市赛集训
11	河南省登封市中小学校	2017 年 11 月	自然观察项目教师培训
12	河南省登封市白家庄小学	2017 年 11 月	天文讲座和教师培训
13	河北省张家口市中小学	2017 年 12 月	自然省观察项目介绍和营地考察
14	西城区科技馆	2018 年 1 月	VEX-iq 和 edr 对抗交流赛
15	西颐小学	2018 年 3 月	天文讲座和比赛培训
16	北京市第 57 中学	2018 年 3 月	美国公开赛赛前对抗交流赛
17	北京大学附属中学、北达资源中学	2018 年 5 月	自然观察项目交流和营地考察

纵观北京大学附属小学的办学案例，总结该校科技工作特色如下：学校提倡多种理念并存，做有思考、有责任的科技教育；学校课程建设从"点—面—体"到建立教师和课程发展的动态研究群；学校拥有系统的组织机构设置、完备的制度建设以及充足的资金投入；学校注重利用校内外资源，搭建教师发展成长平台，促进学生学习合作、学习共同体的形成。北京大学附属小学在科技教育方面旨在让每一位学生参与进来，全面提升学生的科学素养，促进学生的全面和谐发展。其在科技教育方面取得的成绩不容小觑，该校科技教育方面的教育理念及教育方法值得各位一线教育工作者、教育管理者及教育研究者借鉴。

第二节　案例2：清华大学附属小学

一　走进清华大学附属小学

清华大学附属小学坐落于全国著名高等学府——清华大学校内，学校占地33000平方米，共46个教学班，学生2025人。学校由水木之夏、丁香书苑、人文科学等12个景观构成，是一所树木繁茂、鸟语花香、一步一景的科技园林式学校。学校曾获得"国家基础教育课程教材改革试验项目学校""海淀区课程改革先进校""海淀区戏剧教育基地校""海淀区中小学艺术教育特色学校""海淀区学生银帆艺术团承办校""北京市青少年戏剧教育联盟实践基地"等诸多称号，是一所具有极大社会影响力的学校。

清华大学附属小学的前身是"成志学校"，从1915年成志学校创办至今，在这厚重的校友长卷中，学校看到了这些长大了的学生：诺贝尔物理学奖获得者杨振宁，中国科学院院士杨卫、霍裕平、李德平，中国工程院院士李鹗鼎，中华人民共和国将军黄宁、李健，著名金丝猴专家全国强等。1937年抗日战争爆发，清华大学被迫南迁，在家国破碎、局势动乱的战争年代，历经战火洗礼的附属小学深感只有装备精良，国家才能强大。峥嵘岁月中，学校开设了模型课程，学生和科学老师一起制作飞机模型。2002年，学校提出了"立人为本、成志于学"的校训，确定了"为聪慧与高尚的人生奠基"的办学理念。在教学改革方面，推广全国著名特级教师、时任学校副校长窦桂梅提出的"为生命奠基"的教学理念，并提倡"三个超越"：学好教材，超越教材；立足课堂，超越课堂；尊重教师，超越教师。2011 年，清华大学附属小学首次走出清华园，走进 CBD 与朝阳区合作办学，成立了清华大学附属小学商务中心区实验小学。新百年的清华大学附属小学将会一如既往输出优质资源办学，把清华大学以及附属小学文化与管理辐射到北京市乃至全国不同地区的学校。

二　"让儿童站立在科技教育正中央"的育人理念

百年成志，百年立人。清华大学附属小学从 1915 年的成志学校到今天的成志教育，从五四制改革到语文主题教学的"三个超越"，从语文立人主题教学获首届基础教育国家教学改革成果一等奖到基于学生核心素养"1 + X"深化改革。清华大学附属小学始终不变的是对培养完整人的关注，始终坚守为聪慧与高尚的人生奠基的成志教育使命。

2014 年学校提出了"让儿童站立在科技教育正中央"的育人理念，并在学校提出五大核心素养的基础上，将"学会改变"作为清华大学附属小学科技教育落实的主要核心素养之一，并将科技课程作为"1 + X"的核心，提出了"人人有课题、团队有成果"的口号，成立了"振宁童创工作室"。清华大学附属小学一直严格遵循"科技教育不应只是面向少数爱动脑筋、动手能力强的学生，它更应该是一种普及教育"的原则开展科技教育。

在"让儿童站立在科技教育正中央"的教育理念指导下，清华大学附属小学提出了"为聪慧与高尚的人生奠基"的育人目标。

从成志学校走向成志教育。清华大学附属小学百年的成志教育一直注重对人的培养，努力通过教育，让师生变得越来越聪明而富有智慧，通过教育让师生实现个人成长的高贵与社会价值观和谐统一的高尚。因此，提出了成志教育的办学使命：为聪慧与高尚的人生奠基。

围绕教育部出台的中国学生核心素养的三个维度，清华大学附属小学提出了指向学生发展的校本表达的"五大核心素养"。其中"五大核心素养"中的学会改变明确指出清华大学附属小学的学生通过科技课程的学习，使其具备敏锐的环境感知能力和信息捕捉能力；使其能够勇于面对生活中遇到的实际问题，做到知行合一，勇于实践、勤于思考、动手动脑；使其具有敢为人先的精神与创造性的审辨思维。

三 "1+X"科技课程

清华大学附属小学的科技课程既是对国家基础性课程的优化和整合，又超越学科边界，打破学科壁垒，将学生的学习与其社会生活、实践打通，在实际生活情景中提升儿童发现问题、解决问题的综合实践创新能力，使学生具有适应未来发展和需要的关键能力与必备品格。

（一）"1+X"课程目标

清华大学附属小学科技课程目标共有三个层面。第一层面是学校维度，清华大学附属小学着力构建并开发具有清华风格、成志教育烙印的特色振宁童创课程。第二层面是学生维度，这也是最核心的维度，通过科技教育"1+X"课程的构建实施，为学生提供更加丰富的课程内容，利用"动手做，玩中学"的表现形式促进学生体验、动手、实践、研究、创造、重点落实"学会改变"的核心素养。第三层面是教师专业发展维度，通过"通才和专才"的整合型教师，使教师初步具备开发和建设课程的能力。

基于清华大学附属小学"1+X"课程的基础目标和科技教育课程的独特属性，结合学校的育人理念，学校提出的科学素养目标是"一项好创新，一手好实践，一种好思维"。

1.一项好创新

这里的"好"是指独特、现代、高效。这里的"创新"是指学生能够以现有的思维模式提出有别于常规思路的见解，或者以现有的知识和事物改进或创造新的事物。清华大学附属小学在科学技术教学过程中，不仅给学生传授现成的知识，更重要的是注重引导学生探索未知领域，从而启发学生思维，激发创新灵感，树立创新意识。

2. 一手好实践

这里的"实践"是指通过开展丰富多样的科技教育创新实践课程，使学生不单单学习知识，更重要的是动手去做、去试验、去探究、去创造。这里的"好"是指实用、新颖、合理。清华大学附属小学的科技教育以学生为中心，通过一系列的科技教育创新实践课程，将学习知识上升到实践层面上，最终使学生亲身经历初级计算机编程、无线电测向、手工制作、剧本编写等实践活动，让每位学生都成为创造者。

3. 一种好思维

这里的"思维"是指辩证逻辑思维、发散思维、创造性思维以及批判性思维。这里的"好"是指有序、清晰、深刻、灵活。学校希望通过科学技术教育，培养学生对立统一的辩证逻辑思维、举一反三的发散思维、勇于创新的创造性思维以及敢于质疑、乐于探究的批判性思维。

（二）"1+X"课程具体内涵

"1+X"课程体系中，"1"（占据60%～70%），尊重学科属性，联动其他学科，体现综合性，协同育人；"X"（占据30%～40%），由"1"生长而出，体现校本特色，满足个性需求（系统化、特色化、个性化），主要包括：①优化学校个性课程；②深化年级个性课程；③发展儿童个性课程。

"1"：指整合后的国家基础性课程。该课程内容体现了"用教材教而不是教教材"的思想，既落实了国家规定的基础性课程，同时又超越了教材。"X"：指个性化发展的拓展性课程。形成既遵循儿童在基础教育阶段的普遍认知特点，同时又体现"清华烙印"的校本课程及个性化拓展性课程。"+"不是简单的加法，而是促进"1"与"X"相辅相成，达成"1"和"X"平衡的或增量或变量。

（三）"1+X"课程设置

根据学校"1+X"课程结构，基于国家科技课程标准课时进行校本化实施。在既不超过国家总课时的基础上发展个性课程，优化课程门类，满足个性需求。使科学课程成为学校核心课程之一，具体如表4-10所示。

表 4 – 10   "1 + X"课程设置

结构体系	介绍	课程设置
"1"：整合科技类课程	（基础类）优化、整合国家科技基础课程	• 1~6 年级课程（开设了 1~2 年级科学课） • 学科渗透（3C、振宁重创—电子与信息）
"X"：学生个性科技课程	（拓展类）结合各学科科学元素的学生个性课程	• 摄影摄像 • 无线电测向 • 金鹏科技论坛 • 微电影 • 小小工程师 • VEX 机器人 • 电子技师 • 牛顿实验 • 业余电台 • 模型
科技社团		• OM 头脑奥林匹克 • DI 目的地想象 • 编程 • 无线电测向 • 清华少年发明家 • 电子技师 • 乐高机器人 • 微电影 • 模型 • 3D 打印 • VEX 机器人 • 科学幻想画

在不超过国家规定科学课总课时情况下与综合实践课和信息技术课相结合，将科学作为学校"1 + X"数学与科技领域的独立学科来教授，以科技为教学媒介，以注重和提升学生的综合素质，帮助学生建立健全人格为教学目标。

四　全员参与的科技活动

除了"1 + X"科技教育课程以外，清华大学附属小学也举行了一系列的科技实践活动，培养学生对科技的兴趣，以及运用科技进行创新与实践的能力，全面提升孩子的科学素养。

（一）全员参与的科技月

每年的 11 月是学校的"科技月"，也是学校的科技节举办时间。在科技月到来之前，学校会通过板报、广播、电视台等宣传形式向学生大力宣传科技月的主题以及将要开展的活动等，并向学生发出倡议，鼓励学生每人选择参加 1~2 项学校组织的科技活动。同时，学校积极开展科技板报评比、班队会评优、科技知识讲座、科技参观等活动。

在为期一个月的科技月里，学校会举行一系列例如科学谜语猜猜猜、创意发明设计、纸飞机比赛、魔方魔尺大赛、七巧板作图、金鹏科技论坛、科技幻想画等近 20 项科技活动。这些活动整合了艺术、数学、创新实践、机器人、美术、戏剧等，以班为本，以学生为本，充分调动每个学生参与的积极性和主观能动性以及实践创造性，真正做到了"人人是创客，班班有创意，学段有亮点，四校齐参与"。其中低段重体验，"想象即创客"；中段重实践，"动手即创客"；高段重研究，"实践即创客"。

每年"科技月"都会以"科技嘉年华"的形式对整个科技月的各项活动进行展示及收口。"科技嘉年华"当天，学校会从一千多个项目中精选 80 多个按不同主题分区进行展示，全校师生利用一个下午的时间进行"游园"活动，期间参观、交流、学习、体验、实践，同时附属小学的四所分校的优秀作品齐聚本校，全校学生共同享受科技的饕餮盛宴。

（二）全员参与、聚焦精品的小课题研究

清华大学附属小学从 1 年级到 6 年级期末都会组织学生全员参加主题式小课题研究，让学生成为探索者、发现者、研究者，使学生像科学家一样展开研究，带给学生完全不一样的科学探究的体验。在小课题研究的实践活动中，教师有意识地引导学生经历提出问题、做出假设、实践研究、撰写报告、汇报答辩的科学过程，从而提高学生的思维能力、实践创新能力。

以低年级为例，因为学生年龄小，会有家长志愿者一起和孩子们参与探究式课题研究，比如"校园树木调查"等适合低年级学生参与的科技课题。

（三）走进清华大学实验室

每年的毕业季，清华附小 6 年级的孩子都要走进清华大学生命科学学院、清华大学物理系、清华大学化学工程系、清华大学汽车工程系的各个国际领先实验室，在听完实验室老师的详细讲解后，同学们也可以选择实际体验参与一些实验研究。这样的实践活动充分体现了大、中、小"一条龙"的科技教育模式，让即将升入初中的 6 年级学生提前体验了大学实验室的科技氛围，为中小学衔接打下坚实基础。

（四）家长进课堂

每学期附属小学会举办大手拉小手，同上一节课的"家长进课堂"活动，在活动中，学生与家长一起针对一个科技内容进行讲解。

五　满足个性需求的精品活动

（一）水木秀场

水木秀场是清华大学附属小学"让儿童站立在科技教育正中央"理念的具体落实，学校每周三、周五的中午为学生提供创客展示的平台，学生可以根据自己的科学研究申报展示，并邀请学校不同年级的学生到教室听讲座。水木秀场每学期共举办 32 场水木秀场，参与学生次数约4000 人（每场 130 人）。

（二）大师进课堂

每学期附属小学会制订计划，每月邀请一位科学家（院士）与学生们面对面交流，为学生们提供聆听大师讲科学的机会，让孩子们感受到榜样就在身边。

六　有效的教学策略

（一）课程整合

在科技课程的实施过程中，为使原有的国家课程"1"不至于因为"X"课程的加入而增加学生的负担，清华大学附属小学探索出三条课程整合的途径。

1. 学科内：渗透式整合

学校依据科学课程标准和学生认知水平进行学科内的整合，主要采取两种方式：一种是主题单元内的科学课题整合，例如基于学生的认知，学校把科学课内容中的《磁铁的认识》和《磁铁的两极》整合成一节课；另一种是不同单元内容的融合，例如3年级《认识植物》和4年级《植物的生长变化》两个单元内容，学校将其整合为一个单元内容，让学生在观察植物的生长过程中去研究植物的器官等相关知识。

2. 学科间：融合式整合

日常生活中所面临的真实问题往往是需要学生综合运用多学科的知识去解决的，不仅限于科技知识。鉴于此，学校根据小学儿童身心发展特点，在学科属性相通、学习规律及学习方式相融的情况下，力求提供完整的问题情境，促进儿童调用各种经验，综合运用各科知识发现问题、提出问题、分析问题和解决问题，展开立体、丰富的学习。首先在整合前，学校要对学科间的相关性进行分析研究，以科学与数学学科整合为例，在整合实施前，老师们通过交流、分析，发现科学的研究要运用数学收集、处理数据，运用数学进行推理等内容，把相关内容进行列表归纳，之后在围绕科学核心知识，采取主题式整合，把科学、数学、语文等相关学科融入其中，一同开展创新思维能力的培养。

3. 超学科：消弭式整合

超学科整合是以科学为核心，将数学、工程、艺术、社会等领域有机融合，消弭边界，实现学科知识和社会生活相连、学生的课内外学习和课外活动紧密相连的整合。OM头脑奥林匹克就是最好的超学科整合的载体。超学科的消弭式整合超越于科学，把诸多与教育密切相关的东西，从学生发展的角度统整起来，培养学生综合运用知识，形成探究意识、创新精神和实践能力，整体提升核心素养。

（二）小组合作学习

科学课就是在动手做的过程中培养学生的动手能力和思维方式。小组化合作能激励学生发挥出自己的最高水平，小组中的每个成员都积极地参与到学习活动中来，学习任务由大家共同分担，问题就变得比较容易解决；能促进学生间在学习上互相帮助、共同提高；能增进同学间的情感沟通，改善人际关系。

1. 有效分组

有效分组能保证每一位学生都能参与到实验操作中，使学生都能积极参与、认真操作，进而提高小组合作探究的有效性。在科学课堂上教师将同一水平学生分到一个组，这样比较优秀的学生认为自己就是组里最棒的，进而在实验探究过程中就会认真参与。另外，水平相当还可以激发学生"较劲"意识，促进学生更加认真积极参与到实验过程中。同时，因为能力都差不多，在进行实验分工、过程分析、实际操作以及现象记录等环节上，学生必须要互相商量，这样学生可以在不同思想碰击过程中前进。而水平相对较低的学生，因为组内没有"好学生"包办一切，只能自己动手，这样也进一步锻炼了学生的动手操作能力，对于实验探究过程存在的问题可以更积极地开动脑筋思考。这种分组采用了同一水平分组，有国外小学则采用混合分组的方式，每个学生都找到了自己的位置。

2. 明确分工

分工不同对实验过程和效果都有重要影响，在刚开始科学实验小组合作学习时，学生还不能熟知自己和同组学生具有的能力，在进行小组分工时可以由教师来代替。随着时间的推移，学生进行小组合作的次数多了就交由学生自己进行分组。在开始时教师先明确一位综合能力比较强的学生来担任小组长，并承担掌握大局的任务。对其他学生进行明确分工，如实际操作、观察、记录等。在实验探究过程中要求学生相互之间要进行交流，对实验现象进行分析，然后将结论填写在报告单上。另外，教师在对实验探究结果进行提问时，秉持了人人有份的原则，统筹兼顾，不是只针对成绩比较好的学生，这样保证了每位学生都能认真参与到实验探究中去，进而提升探究质量。

3. 严格汇报

与实验过程同样重要的是结果汇报，因为结果汇报的成功，要求学生必须掌握好整个实验过程，以此实现提出问题、假设猜想、制定实验方案、实际操作、收集材料、分析讨论、结果汇报，这样对提升实验探究的有效性具有重要意义。清华附小科学课堂上都给孩子准备了实验记录单，要求学生严谨认真地填写实验猜想、过程、分析和结论这几部分。此外学校还明确了小组汇报的三步骤：彼此接力、攀登提升、小结概括，帮助学生更好地进行小组汇报。

七　制度与政策

为了保障科技教育发展，学校成立科技教育领导小组，并制定科技教育相关制度。其中《清华大学附属小学办学行动纲领》为学校科技教育的顺利实施提供了有力的保障，使得在科技教育方面学有所长的孩子能够持续提升自己的兴趣爱好，使得学校办学理念在科学学科中得到真正提升：让儿童站立在科技教育正中央！

此外，学校与清华大学、海淀区教育科学院等在课程及教学方面的专家、教授有着长期良好的合作关系，这些专家学者定期针对学校在课程实践中的具体问题给予合理的指导和评价。另外，学校家长委员会中在科技教育方面有专长的家长也自愿成为家长志愿者，在课程实施中给予大力的帮助和指导。随着学校科技课程的有效实施和开展，近年来学校还是雏鹰科技教育实践基地，在参与的一些重要活动中，学校及时发布科技课程以及科技教育发展的相关重要信息，及时制定和把握学校层面的科技教育发展，对于学校师资培养、课程建设都起到至关重要的作用。

清华大学附属小学十分重视教师专业发展，为此制定了一系列教师评价制度：《清华大学附属小学教师职级聘任制度》《清华大学附属小学教师职业道德规范》《清华大学附属小学岗位双向选择制度》《清华大学附属小学事编教师合同到期续聘解聘制度》《清华大学附属小学重点岗位职责》《清华大学附属小学管理干部职责要求及评聘办法》《清华大学附属小学教师学历学位进修制度》《清华大学附属小学教师评价方案》。

八　科技教师团队及专业化发展保障

经过多年努力，清华大学附属小学现已拥有一支认同附属小学文化和价值观，凝聚力强，专业素养深厚，教育教学综合实力突出的教师队伍。附小从课程建构上招聘教师，对科技教育人才梯队建设进行了全面规划，清华附小科技教师队伍不断优化，成立一支兼具专才与通才的科技教育队伍。根据学校科技课程，现有专职科技教师 12 人，学校整合型科技教师 22 人，外聘兼职教师 15 人，特级教师 2 人，市级骨干教师 3 人，学科带头人 5 人，区骨干 6 人。专职科学教师中拥有生物学专业背景博士 1 人，男教师 7 人。

从整体情况来看，教师结构分布较均匀，教学上有特级和市级骨干教师引领，学科知识上有多位博士指导，形成了良好的专业发展团队。教师们在良好的教育实践中积累了丰富的教学经验，为学生的发展提供了良好的保障。

根据教师的专业水平和教学能力，附属小学提出了分层的发展平台，为不同阶段的老师搭建不同的平台，例如特级教师为引领，定期进行讲座和展示课，同时也为特级教师开展出书、拍宣传片等活动，而骨干教师在专业上对青年教师进行指导，并形成师徒挂钩，开展扶、帮、带。

学校积极组织科技教师参加校内培训和国内外交流，促进教师专业水平不断提升。为了有效提升教师专业化水平和教学能力，学校每月邀请专家到校，通过讲座和座谈有效指导教师的专业水平和教学能力。学校为了能够提升教师的国际视野和专业发展，制订了科技组"三个一"的培养计划（出国交流一次、出京学习一次、专业考察一次），通过"三个一"培训计划的落实，有效提高了教师的专业化发展水平。

梳理清华大学附属小学的案例能够看出：清华大学附属小学以"让儿童站立在科技教育正中央"为其育人理念，"为聪慧与高尚的人生奠基"为其育人目标，十分注重科技教育在整体教学中的地位。学校为落实"五大核心素养"设计并研发"1 + X"课程体系，既注重国家基础性课程又注重个性化发展的拓展性课程。"科技教育不应只是面向少数爱动脑筋、动手能力强的学生，它更应该是一种普及教育"是清华大学附属小学在开展科技教育中一直秉持的原则，这也是十分值得广大教育研究者及一线教育者学习和反思的精髓所在。

第三节　案例3：北京市密云区大城子镇中心小学

一　走进密云区大城子镇中心小学

北京市三面环山，密云区、门头沟区等区都有一些山区学校。山区学校由于离城区较远，各方面的资源条件都不能与北京城区的学校相比。北京市密云区大城子镇中心小学是一所典型的山区小学。该校位于密云区东北部，学校就坐落在山脚下，学生抬头就能看到山。该校是一所寄宿制学校，现有12个教学班，学生270人。尽管学校条件设施不太好，但是学校多年来坚持利用本地特色、山区资源，积极发展科技教育特色，走出了一条山区小学的特色发展之路。

2016年7月，该校与密云区大城子中学合并，建立了密云区大城子学校，成为密云区第一批一贯制学校。主校区坐落在风景优美的大城子镇，三所幼儿园分布在墙子路村、柏崖村、大城子村三个自然村；原大城子镇中心小学旧址成为该校的实践活动基地（科技教育、生态教育、体育训练）。合并之后的密云区大城子学校共包括中小学生480人，18个教学班。全校现有教职工115名，其中市区级骨干教师15名。

由于两所学校合并的时间不长，因此本节仍以密云区大城子镇中心小学为例，希望给各地的小学在发展科技教育方面提供一些参考。

学校以"以学生发展为本"为办学理念，在科技教育领域，学校以"立足山区实际，积极开发科技教育资源，创建科技教育特色，全面提高学生科学素养，培养科技英才"的科技教育为目标。

立足山区实际是本校的突出特点，学校也充分发扬了山区的优点，在培养学生认识家乡、了解家乡和热爱家乡方面成效显著。同时，提升学生的科学知识水平、科学探究能力以及良好积极的科学态度方面都起到了良好的效果。

二　因地制宜的课程与活动

1. 科技课程体系

与很多学校相比，大城子镇中心小学的科技课程并没有多层级多规模的课程体系，学校的课程分为两部分：国家课程和校本课程。在 2017 年秋季学期开始之前，大城子镇中心小学科学课自 3 年级开始开设，每个学期 2 课时。2017 年 9 月，大城子镇中心小学科学课自 1 年级开始。

大城子镇中心小学的校本课程立足山区，充分利用了学校周围的资源，共开发了供低年级学生使用的《植物漫谈》、供中年级使用的《走进身边的植物》、供高年级使用的《神奇百草园——药用植物探秘》三门校本课程，并且自编辅助教材。学校的校本课程统一安排在周四下午综合实践课时间和周五下午的专门校本课程时间。

1～2 年级以《植物漫谈》为教材，其内容包括：认识身边的植物、植物的故事、了解植物知识、植物与人类的关系。

3～4 年级以《走进身边的植物》为教材，其内容为：观察植物的生长、植物的种植与栽培、植物的收获与储藏、动手实践、植物的药性研究。

5～6 年级以《神奇百草园——药用植物探秘》为教材，其内容包括：植物猜猜看、药用植物的人工栽培、药用植物的采收与加工、药用植物的生长环境、我与药用植物共成长、药用植物标本的制作、药用植物的秉性、珍稀的药用植物、做个"小神农"、开通"绿色银行"、小小中药代言人、寻访祖国医学瑰宝。

这三门校本课程以植物为核心概念，通过组织学生认识和了解身边的植物，特别是山区的药用植物，让学生对植物有全方位的认识。同时，结合药用植物的学习，指导周边村民种植药用植物，农民增收的同时，也让学生更好地认识到，科学与生活的关系非常紧密，科学不是高高在上的，科学就在我们身边。

2. 科技社团建设

大城子镇中心小学以"乡村学校少年宫"为依托，形成了"观鸟社团"

"葫芦娃社团""药材学院"等一系列有特色的学生科技社团（见表 4 -11）。每个社团都有专兼职指导教师有计划地指导学生开展活动。学校科技教师还自己编写了《神奇百草园之灵巧手》，用于学生社团的指导材料。

表 4 -11　科技社团一览

序号	社团名称	学生人数	指导老师	学生负责人	活动时间	备注
1	葫芦娃社团	22 人	李树强	王珊	周二	葫芦烫画作品 40 余件
2	爱鸟社团	16 人	朱秀荣	王然	周四	全国科技创新大赛实践活动一等奖（求知与黑鹳之旅）
3	昆虫社团	12 人	朱秀荣	王子涵 张君豪	中午活动	"探秘蝗虫私生活"科技实践活动，全国科技创新大赛一等奖
4	电脑绘画社团	22 人	吴井平	张乐	周二	全国创新大赛获奖 10 余件，科幻画作品集一册
5	水学院社团	8 人	吴井平 朱秀荣	赵雪	周一中午	"求知走向清水河"科技实践活动，全国创新大赛一等奖；"桃花水母与庄户峪水库之约"实践活动，全国科技创新大赛一等奖
6	药材学院	40 人	吴井平 朱秀荣	史可 王晨然	周四中午	"药材进社区"科技实践活动，全国科技创新大赛一等奖
7	环保公司	10 人	朱秀荣	潘雪晴	周四中午	"环保公司在行动"获环境与可持续发展项目优秀创新小队
8	风筝社团	20 人	朱秀荣 吴井平 付晶	鲁天缘 赵英琦	业余时间	2014 年北京市风筝大赛团体组织奖，个人单项奖 20 个
9	科幻画社团	20 人	孟奇	李晨阳	周四	各类竞赛获奖若干

"观鸟社团"是大城子镇中心小学发展非常好的社团之一。爱鸟小组在学校附近的清水河流域发现了一只黑鹳，小队成员开展观鸟、爱鸟、护鸟活动，形成了黑鹳小队。小队的活动一直持续，清水河流域已经成为学校的观鸟基地。学校观鸟社团中的小组成员，多次参加北京市的观鸟大赛。学校组织老师正在开发《大城子地区常见鸟类图鉴》。课题组与学校观鸟小组的学生访谈时发现，学生们的观鸟和识鸟的知识相当丰富，爱鸟的感情极为浓

烈。在访谈中，多位小学生都表示长大以后要从事与观鸟和研究鸟有关的工作。

"葫芦娃社团"听起来是一种和科学无关的社团，实际上，"葫芦娃社团"里的团员开展的是科学与艺术相结合的活动。团员们每年的春季开始种植葫芦。在种植的过程中，科学老师要给予比较多的指导，指导学生种植好葫芦和葫芦开花后的坐果工作。社团的小团员们需要精心呵护自己小组的葫芦苗，直到葫芦藤上结出真正的葫芦。葫芦长大到适合大小后，团员将葫芦摘下，再开始葫芦烫画的活动。社团活动集合科学与艺术，既要求学生掌握葫芦生长的内容，又要学会烫画技术，同时还要有一定的艺术创作功底。该社团的活动能够很好地培养和提升学生的核心素养。

由于学生年龄较小、很多社团都有野外活动等原因，大城子镇中心小学的学生社团在自管自治方面略微不足，大部分学生社团主要依靠科技教师组织学生。当然也是由于安全方面的原因。

3. 日常科技活动

大城子镇中心小学的日常科技活动以科技节和日常科学实践活动为主。其中科技节已经举办了 30 多届，成为学生们享受科学的节日。在科技节期间，学校安排的活动比较丰富，黑板报、手抄报评估活动、小发明小制作活动、科学幻想画活动、科技小论文比赛和专家讲座活动。

下面是一次全校科技节的活动和对学生的要求。

（1）科技黑板报、科技手抄报的评比活动

黑板报主题鲜明，彰显班级特色，各班以不同的主题，宣传科普知识、科学故事等；科技手抄报活动要求全员参与，上交手抄报主题明确，版面合理、美观，内容丰富、具有较强的知识性和科技性。

（2）科技"小发明、小制作"活动

科技节继续在学生中开展科技"小发明、小制作"活动，鼓励学生利用废旧物品制作，培养学生的环保意识和低碳意识。同学们利用各种废旧物品精心设计、巧手制作，充分展现了孩子们丰富的创造力、想象力和科技知识的应用能力。

（3）科学幻想画

"激发科学幻想，描绘科技未来"是本届科技节科学幻想画活动的主题。学生围绕这个主题，用手中的画笔描绘科学蓝图，表达自己的奇思妙想。本次科学幻想画活动分为"手绘"和"电脑制作"两种形式，通过这样的活动，提高学生的想象能力，激发科技创新热情。

（4）撰写科技小论文

本届科技节，在5~6年级学生中开展了科技小论文评比活动，目的是通过这次活动提高学生的写作兴趣，培养学生的科学素养，充实学生的写作知识，丰富学生的课余生活。

（5）科技专家进校园

在科技节期间，我们聘请了市科协、北师大、县教研中心的专家老师到校指导科技实践活动，为同学们做生动的讲座，让科技教育在我校全面普及。

学校的科学实践活动主要还是基于山区资源，比较突出的是利用学校的生物实践活动基地开展与植物有关的活动。目前已经在全校范围内开展的品牌活动有"认识家乡常见植物""我与药材共成长""争当药材小博士""药材十小活动""影响药材生长因素的研究""建立药用植物户口簿""小小中药代言人""传承中医药文化争当美丽少年"等。

学校开展"药材进社区"科技实践活动，与河下村建立手拉手关系，向农民推广药材知识。有村民深受启发，种了三亩黄芩，获得了一定的经济收益，其他村民纷纷效仿。学生和老师们经过几年的药材科普宣传活动，更是受到了村队、政府的关注，目前，学校附近的河下村、张庄子村已经大批量种植了黄芩、金银花等药材。而黄芩和金银花也成为大城子经济产业链的主打产业之一，学生的科学实践活动为农民增收致富出了一份力。学生和家长及当地村民通过这些活动更加深入地认识到科学对生活的影响和帮助，科学是有用的。

三 专门的奖励制度与政策

密云区大城子镇中心小学设置有专门的学科竞赛奖励办法。下面是设置的关于学校教师在竞赛中获奖的奖励办法。

1. 学科竞赛。

校级：（年级、班级除外）一、二等奖（按人次）分别奖励辅导教师15元、10元；

县级：一、二、三等奖分别奖励辅导教师80元、50元、30元；

市级：一、二、三等奖分别奖励辅导教师100元、80元、50元；

国家级：一、二、三等奖分别奖励辅导教师150元、100元、80元。

说明：没通过初级竞赛，直接交作品的按该项等次除以4发放；教师辅导学生获奖以学生的实际奖次为准发放；单人单学科竞赛学校根据实际情况给予考虑。

2. 密云区少年宫组织的竞赛：一、二、三等奖分别奖励30元、20元、10元（没通过初级的竞赛，直接交作品的减半）。

3. 教师辅导学生在国家、市、县级报刊发表作品奖励办法是分别奖励40元、30元、20元。

4. 报刊、杂志社及非教育部门组织的竞赛，或奖者经领导班子研究酌情考虑。

说明：以上各项竞赛如是团体奖（4人以上），按该项竞赛等次乘以2（不按人次发放）。

备注：以上奖励办法中未含部分，根据实际情况，经学校领导班子研究酌情予以考虑。

北京市学生金鹏科技团有专门的项目经费支持学校开展科技教育活动，促进学校科技教育水平提升。每一届金鹏团学校当选后（3年），支持经费为20万元。从学校制定的金鹏团专属奖励措施来看，奖励的力度比其他竞赛大。

大城子镇中心小学教师组织金鹏团活动奖励办法

根据密云区教委《课外活动管理办法》文件精神，制定大城子镇中心小学教师组织金鹏团活动奖励办法：

1. 组织活动。

（1）教师利用上班时间组织学生外出参与金鹏团活动，每次活动费用按《课外活动管理办法》执行，每小时28元。

（2）教师利用休息时间组织学生外出参与金鹏团活动，每半天按3小时计算，每小时50元，参与活动的辅助教师每小时享受辅导教师的40%，即每小时20元。

（3）外出需要用餐，每餐每人不超过30元标准。

2. 教师参加金鹏团项目活动获奖。

（1）教师参加金鹏团项目的全国、市、县活动获奖：全国一、二、三等奖分别奖励500元、300元、200元；市级一、二、三等奖分别奖励300元、200元、100元；县级一、二、三等奖分别奖励100元、80元、50元。

（2）教师参加金鹏团项目全国、市、县、校级基本功或基本技能大赛奖励：国家级一、二、三等奖分别奖励120元、100元、80元；市一、二、三等奖100元、80元、60元；县级一、二、三等奖80元、60元、40元；校级一、二等奖30元、20元。

（3）教师获金鹏团项目荣誉称号：全国、市、县、校业务荣誉称号分别奖励100元、80元、50元、30元。

（4）教师在国家、市、县级正式出版刊物发表与金鹏团项目相关的（1500字以上）作品（包括经验交流等），分别奖励80元、60元、40元；小短文奖励10元。

（5）教师在国家、市、县级撰写与金鹏团相关的论文奖励办法：国家级一、二、三等奖分别奖励50元、40元、30元；市级一、二、三等奖分别奖励40元、30元、20元；县级一、二、三等奖分别奖励30元、20元、10元。

（6）现场备课、讲课（素质教育评价）为优秀的奖励 30 元。

3. 学生竞赛对教师的奖励办法。

（1）教师辅导学生金鹏团项目在国家、市、县级报刊发表作品奖励办法是分别奖励 40 元、30 元、20 元。

（2）报刊、杂志社及非教育部门组织的竞赛，或奖者经领导班子研究酌情考虑。

（3）教师辅导学生金鹏团项目比赛获奖。

县级：一、二、三等奖分别奖励辅导教师 80 元、50 元、30 元；

市级：一、二、三等奖分别奖励辅导教师 100 元、80 元、50 元；

国家级：一、二、三等奖分别奖励辅导教师 150 元、100 元、80 元；

大城子镇中心小学金鹏团项目对学生的奖励办法

为提高我校金鹏团项目活动社团学生参与活动的积极性，鼓励学生在北京市乃至全国各类金鹏团项目比赛中取得优异成绩，为校争光，特制定本办法：

1. 学生参加金鹏团活动补助办法。

（1）组织学生外出参加金鹏团活动，每次（不少于 2 小时）补助 10 元，午餐补助不超 30 元。参加活动时，组织方所交费用中包含餐费，不再发放餐补。

（2）假期组织参与金鹏团活动，学校承担学生的交通费、住宿费、伙食费、材料费、场地租赁费。

2. 学生参加金鹏团活动竞赛获奖奖励。

（1）参加区级竞赛，获得前三名，发放奖品金额为：一等奖 20 元，二等奖 10 元，三等奖 5 元。

（2）参加市级竞赛，获得前三名，发放奖品金额为：一等奖 30 元，二等奖 20 元，三等奖 10 元。

（3）参加全国级竞赛，获得前三名，发放奖品金额为：一等奖 50 元，二等奖 30 元，三等奖 20 元。

从上述奖励办法中能够看出，给予老师的奖金是非常微薄的，不用说和北京城区的学校相比，甚至连一些经济欠发达地区的学校的奖励水平都比不上。但是我们在此列出的目的是展示大城子镇中心小学对于科技教育的奖励态度。在仅有的条件下，尽可能地鼓励和支持科技教师给学生以鼓励，尽最大努力推动学校科技教育的发展。

四　师资与设施

1. 科技教师团队

大城子镇中心小学的科技教师团队以吴井平和朱秀荣两位老师为典型代表。两位老师已经在该小学工作 20 多年，一直负责该校的科技教育工作。吴井平 2008 年被评为"全国十佳科技辅导员""密云区科协科技专家"，朱秀荣、贺建华为全国可持续发展教育项目咨询专家。

同时，学校还通过"请进来、走出去、拜师学艺"等方式为教师提供培训进修、交流学习的机会，促进教师专业成长。

学校地理位置处于山区，学校建设的植物园等生物实践基地，从 2001年学校建立"生物实践基地"，胡东教授到校带领师生逐一给植物正名，北京市科协为学校无偿提供专家支持，密云区教委、密云区科协、密云区青少年宫、教研中心也多次到校指导帮助学校科技教育工作。

大城子镇设有农科站、林业站、畜牧站、综合治理科等部门，各个村队又有大学生村官，学校的科技教师根据不同的科技主题与相关部门和人员沟通合作，聘请他们作为学校的"科技专家"，配合队员开展科技活动。此外，学校还积极开发家长的资源，充分利用北京市的"科技进社区"活动，利用北京市的大学生村官等科技人力资源。

2. 学校科学教育设施

大城子镇中心小学重视发展科技教育，利用学校地理位置、校园面积较大的便利条件，建设了 1500 平方米的植物园、5 个社团活动室（每个活动室 54 平方米）、1 个中医药长廊（130 平方米）、1 个科技长廊（90 平方米），具体如表 4 - 12 所示。

表 4 – 12　大城子镇中心小学科学教育设施情况

序号	场地名称	场地面积	启用时间	主要用途	使用频率
1	植物园	1500 平方米	2005 年	学生参与实践活动	长期
2	百草园——电脑科幻画教室	54 平方米	2008 年	学生社团活动	每周 2 次
3	百草园——植物标本制作教室	54 平方米	2008 年	学生社团活动	每周 2 次
4	科技长廊	90 平方米	2009 年	介绍学校生命科学社团活动及特色展示	长期
5	葫芦娃社团活动室	54 平方米	2011 年	学生社团活动	每周 2 次
6	爱鸟社团活动室	54 平方米	2011 年	学生社团活动	每周 2 次
7	核文化社团活动室	54 平方米	2013 年	学生社团活动	每周 2 次
8	中医药长廊	130 平方米	2014 年	介绍中医药性、实物展示	长期

　　为了让学生更好地开展科学实践活动，学校还尽力购置了水质检测箱、土壤肥力检测箱、农药残留检测箱等设备（见表 4 – 13）。

表 4 – 13　大城子镇中心小学科学教育设备情况

序号	设备/设施名称	启用时间	主要用途	使用频率
1	植物园中药、植物	—	采集种子、标本	经常
2	葫芦刮皮工具	2011 年	葫芦去皮	每周 2 次
3	烙画机	2011 年	葫芦烙画	每周 2 次
4	电钻	2013 年	核钻眼	每周 2 次
5	台钻	2013 年	核钻眼	每周 2 次
6	砂带机	2013 年	磨核	每周 2 次
7	电摩	2013 年	磨胡桃秋皮	每周 2 次
8	角磨	2013 年	去棱角	每周 2 次
9	标本相框	2008 年	压制标本	每周 2 次
10	塑封机	2008 年	标本塑封	每周 2 次
11	电脑	2006 年	爱鸟社团查阅资料	经常
12	"生命科学"项目专用仪器及标本、图谱等（共计：59 种 676 件）	建校至今并随时购置、更新	学科教学及"生命科学"项目学生研究活动的开展使用	26 课时/周

续表

序号	设备/设施名称	启用时间	主要用途	使用频率
13	塑封机(大型)	2013 年 9 月	植物标本等塑封活动	4 课时/周
14	水质检测箱	2011 年 3 月	检测动、植物生存环境的水质情况指标项目	根据每学期学生具体研究项目使用
15	土壤肥力检测箱	2013 年 9 月	检测植物生长环境的土壤肥力指标项目	根据每学期学生具体研究项目使用
16	农药残留检测箱	2013 年 9 月	检测水果、蔬菜等植物生长过程中的农药残留项目指标	根据每学期学生具体研究项目使用

学校在华北最大的柏木林场——锥峰山建立校外实践基地。锥峰山中丰富的中药材资源为学校开展生命科学实践活动提供了支持。学校在河下村建立"黄芩基地",张庄子村建立"金银花基地",两处校外药材实践基地,为学生开展社区科技实践活动提供了保障。

从我们上述的案例展示内容看,密云区大城子镇中心小学与北京市内的学校在资源条件、师资力量等很多方面都无法相比。但恰恰是这么一所在山沟里的学校,在几位科技教师数十年如一日的努力下,飞出了不少热爱科学、有志于科学的"金凤凰"。

北京市密云区大城子镇中心小学是课题组最想展示的案例。在走访学校的过程中,课题组一方面被孩子们单纯的发自内心地对科学和对自然的热爱所感动,另一方面也被北京郊区和城区的资源差异所惊讶。北京市密云区大城子镇中心小学,学校后面就是山,学校里几排平房作为教室和各种实验室用房。尽管学校资源不多,也没有什么现代化的设施,但是,在学校两位优秀的科技教师近 20 年的努力和拼搏下,为学生开设了以植物和动物为核心主题的丰富的科技课程。这个案例传递了几个理念:第一,并不是大城市的学校都有丰富的资源,我国仍然是发展中国家,资源不均衡仍然是常见的现象,但是这并不影响学校开展科技教育。某种程度上来说,资源是可以挖掘的。这一点上北京市密云区大城子镇中心小学就做得很好。第二,做科技教育,没有很高的起点,重要的是行动,并且在正确理念的指导下付出坚持不懈的努力。

第四节　案例4：北京市第八中学

一　走进北京市第八中学

北京市第八中学是由 1921 年建立的私立四存中学和 1947 年建立的北平八中发展而来。1949 年，两校合并为北京市第八中学。学校一校两址办学，高中部在金融街，初中部在西便门，学校总占地面积 4.5 万平方米，其中高中部占地 3.2 万平方米，初中部占地 1.3 万平方米，总建筑面积 6.8 万平方米，高中部 5.3 万平方米，初中部 1.5 万平方米。北京八中是"全面育人、办有特色"的学校，是北京市科技教育示范学校，北京市学生金鹏科技团成员单位，北京市教委基础教育阶段培养项目——"翱翔计划"生物与化学基地学校，北京市青少年科技教育协会团体会员、北京市青少年科技俱乐部基地学校，北京市科协"科技后备人才"培养计划基地学校，中国科协"英才计划"试点学校。

二　多样化的育人模式探索

北京市第八中学办学模式十分丰富，学生由五部分组成：初中部包括两部分，普通初中班级和智力优秀学生综合素质开发实验班；高中部包括三部分，一是普通高中班，二是超常教育实验班，三是国际化教育中心的中美高中课程班和出国留学管理服务班。八中多样化的办学模式是该校的重要特点之一。

1985 年，北京市第八中学创建了少儿班，少儿班的学制为四年左右。少儿班招收有北京市户口、年龄十岁左右、具有小学 4 年级文化程度的智力超常儿童，经过四年的培养使他们完成小学 5 年级、6 年级、初中和高中的全部课程，即完成普通学生八年的学业，毕业时要成为德智体美全面发展的优秀高中毕业生。

2010 年，经北京市教委批准，北京市第八中学设立了小学 4 年级起点的"智力优秀学生综合素质开发实验班"（简称素质班），素质班采用"4＋3"学制，学生用4年时间完成小学5～6年级和初中三年的课程，高中阶段学制仍为3年。第一阶段结束后，由学校自主招生进入高中学段，人数原则上保持不变。

三　全面的育人理念与目标

北京市第八中学的办学历史非常悠久，学校的办学目标和育人理念也与时俱进。

北京市第八中学的前身四存中学在建立之初坚持"存学、存性、存人、存治"的主张，四存中学也由此而得名，当时开设的课程是中西兼备、古今俱有，明显区别于一般中学，初一、初二年级的代数、几何、三角以及外国历史、地理，均用英文课本，篮球、足球、乒乓球、拳术等体育课程和活动在当时的中学中都有相当的地位。

20世纪60年代北京市第八中学进行了中小学"十年一贯制"的实验；20世纪80年代率先进行了校长负责制、结构工资制和教学改革试点，80年代后期，建立起了有利于学生全面发展的新的教学体系；1981年开创学习方法指导课；1985年开始超常教育，1986年制定学生素质大纲并付诸实践；从90年代后期开始，一直进行着"好学生是怎么培养出来的"理论总结和实践探索。改革创新是学校文化的血脉，是学校保持优质发展的原动力。

20世纪80年代，陶祖伟校长就提出素质教育，提出了"着眼于未来、着力于素质"的办学思想，在这样的办学思想指导下，学校确立了"承认学生价值，尊重学生人格，以开发学生长处和优势为主"的评价学生的思想。在此后20多年中，学校一直坚持素质教育，培养学生各方面的素质。王俊成校长在坚守北京市第八中学办学既远见卓识又脚踏实地的传统，主张教育的根本价值和意义是：教育就是要提升人的生存能力、提升人的生活品位、提升人的生命价值和促进社会发展、促进人类美好。致力于"以人为本、成就未来——为未来培养国家栋梁、培育民族精英、造就人类大师，成就学生有价值、有意义的人生！""追求学生为尚品德、增才干、健身心走进校园，为担责任、做贡献、求发展走向社会"。北京市第八中学的育人目标：志向高远、素质全面、基础扎实、特长明显。校训：勤奋、进取、和谐、致美。

四　多时空、多形式课程与活动

北京市第八中学的办学模式多样化，课程设置非常多样，科技类课程十分丰富。按照学校课程设置的特色，可以分为几类课程：一是基于学生个性发展需求的课程设置，如少儿班课程、科技班课程、素质班课程、出国班课程、理科实验班课程等。形成了一批特色精品科技课程，包括科技英语、数学与技术、自然之理探究、实验化学、生命科学与生物技术、定格动画常识与创意制作、机器人普及、传感技术、人工智能、科技体育课、科技创新学习必备基础选修及实践活动课等。二是以学生全面发展为价值追求的校本课程，如学习策略指导课程、研究性学习课程等。学校从 2002 年就开始了研究性学习课程的开发与实践，经过几年的摸索，逐渐成为一门满课时（每周三课时）、多领域（学科、科学、心理、德育、社区、艺术、中外文化等）、多时空（课内外、校内外、节假日）、多形式（跨学科、跨班级）、多层次（一般性学习过程、市区获奖级水平、国家实验室）的研究性学习的必修课。三是学校的排课方案自主，并且通过教委审批，为学校创新发展和高品位成就搭建了新平台、提供了新机遇，是学校内涵发展的重大成就。

北京市第八中学开展的科学与技术课程以基础教育各学科为载体，学科覆盖面广，通过学科教育实施科学教育，通过科学教育促进学科教育发展。注重自己开发科学与技术教育校本课程和研究性学习，这些课程针对本校学生的发展需求，充分利用本校或当地的课程资源，形成了与国家课程优势互补的特点。目前已开设的较为成熟的以研究性学习课程为载体的校本课程有高颖老师的《科学实验方法》、王世华老师的《如何查阅文献》、王学顺老师的《现代技术应用》、唐燕老师的《科学论文写作》、刘凌老师的《单片机原理与应用》和《机器人设计与制作》等，这些课程的开展，为高一学生学习科学方法、锻炼科学思维奠定了良好的基础。

北京市第八中学重视对学生科学研究方法的教育和指导，尤其是对于科技创新领域学习的学生，定期对他们进行如何选题、如何开题、如何结题等指导，开设专门的科学研究方法课程，针对每位学生开展的课题研究进行全程指导。利用暑期，老师分别为学生开设"现代生物技术知识与技能""细胞生物学基础""生命科学史""基础生物化学""生态学研究方法"等基础课。这些课程很好地培养了学生在生命科学领域的科学研究方法等方面的能力。

除了丰富多彩的校内课程，北京市第八中学特别重视校外课程的开发与实施。在新课程背景下，大力提倡"加强高中课程与社会发展、科技进步以及学生生活实际的联系"，北京市第八中学借助"北京市科协青少年科技后备人才早期培养计划"项目"北京市青少年科技俱乐部"和"北京市教委基础教育阶段创新人才培养——翱翔计划"等项目，与北京中医研究所、中科院微生物所、中科院植物所、北京大学、清华大学、中国农业大学、北京市农林科学院等 20 余家大学、科研单位建立了友好长期的协作关系，将学生中对科学感兴趣、学有余力的优秀学生送到优秀的科学家身边，真正实践科学、学习科学、感悟科学。北京市第八中学充分利用假期带学生到野外进行科学考察，每年寒假暑假都会组织学生到各大科研基地进行至少一次的以某一地区自然资源为主题的科学考察活动，学生们通过与科学家亲密接触更好地学习野外科学考察的方法，体验科学研究的过程。与科研单位专家一起开发科技创新类课程，将科学家的科研成果与学校日常的教育教学活动紧密结合，撰写独具特色的教学设计并付诸实施，如与北京食品研究院密切合作，开发并撰写了 17 篇创新课程教学设计，实施了相关的创新课堂教学和主题班会。自 2018 年开始，北京市第八中学和中国科技馆开展馆校合作，为学生的能力培养开拓了更加丰富的校外资源。

对北京市第八中学的案例分析我们能够发现，北京市第八中学一直在探索育人模式。育人目标上一直秉持着素质教育的方向，采用多时空多维度的课程与活动，借助中国科协、北京市科协以及北京市青少年科学俱乐部等机构创设的资源与活动，培养了一批又一批优秀的在科技领域不断追求和发展的学生。北京市第八中学的科技教师团队在多年的科技教育工作中，摸索出很多适合学生发展的教育教学模式，先后成立了北京市第八中学少年科学院，北京市第八中学少年工程院。这些类似社团中只要是超越社团的组织都由学生自治自管，学校老师给予资源的支持。借助外部力量与资源＋挖掘学生自身的能力是值得我们从北京市第八中学的案例中学习和借鉴的两个方面内容。

第五节　案例5：北京师范大学附属中学

北京师范大学附属中学是北京市首批示范性普通高中、北京市高中自主排课实验学校，同时也是"北京青少年科技创新学院"（翱翔计划）基地学校和"北京青少年科技俱乐部"基地学校，北京市学生金鹏科技团学校。北京师范大学附属中学是一所具有悠久历史的名校，是钱学森先生的母校。北京师范大学附属中学是一所完全中学。

一　全人格教育理念

北京师范大学附属中学一直秉持着"全人格教育"教育，培养"全面发展、充分发展的人"，提升全体学生的科学素养。更多的学生能够"了解科技"，在此基础上，发现"喜爱科技"的人，培养"立志发展科技"的人。

二　扎实根基的科技课程与科技活动

1. 科技课程体系

北京师范大学附属中学建立科技人才培养课程体系。课程体系共包括三个层次：科技素养课程（基石课程）、科学兴趣课程（个性发展课程）、科技创新项目研究课程（卓越课程）。

科技素养课程（基石课程）分为三大类别：理科及技术类课程、研究性学习课程和科普活动类课程。数学、物理、化学、生物、地理、通用技术、信息技术等按照国家课程标准开设的课程均属于理科及技术类课程。研究性学习课程按照年级的不同分为宣南文化专题、学科课题和科技创新课题、学生自选课题和生涯规划课题。科普活动类课程包括科普展览、名家讲座、校内科技人文节和外出实践考察。科技素养课程大部分课程为必修课程，面向所有学生开放。少部分为选修课程，比如外出实践考察活动课，无法给所有学生都提供机会。研究性学习课程中，为学生开展"科学研究方法"课程，让每位学生对科学研究有系统的了解，并掌握基本的研究方法。学生根据兴趣自主选题后，由学科教师指导，在实践中运用研究方法完成课题。

科学兴趣课程（个性发展课程）分为两大类别：动手实践能力提升和生命科学素养培养。动手实践能力提升课程包括：物理拓展实验、化学实验研究、地理拓展、单片机、思维训练、创客之家、FTC机器人、信息学、服装设计与实践、工业设计。生命科学素养培养课程包括：生命伦理学、生态伦理学、探索生命的奥秘、蔬菜栽培和"菌"临天下。科学兴趣课程为校本选修课程。所有课程均由本校各学科教师研发。校本选修课程基本安排在周二和周四的下午。科学兴趣课程希望能够给喜爱科技的学生一个更多发展的机会。健康教育是北京师范大学附属中学的特色课程之一，为了让学生了解更多的医学知识、更健康的生活，北京师范大学附属中学开设了专题性、探索性的系列课程。健康教育共包括三种类型：医学专题研究性学习课程；医学与健康系列课程；医学知识普及科技教育活动。研究性学习课程主要围绕着不同的主题组织学生完成研究性的课题，如人类历史上的传染病。医学知识普及的科技教育活动中，主要讲授急救知识的培训和艾滋病预防的知识培训。

科技创新项目研究课程（卓越课程）分为三个类别：工程创新、自然科学和社会科学。科技创新项目研究课程是在研究性学习课程的基础上，为优秀学生提供发挥潜能的平台。北京师范大学附属中学初三年级第一学期设置少年钱学森班，2014 年之前，少年钱学森班研学课程由校内教师和西城区科技馆教师共同承担，学生每周在校内实验室和科技馆上课。2016 年起，学校引进中科院教师资源，由中科院京区科协教师与校内教师共同授课，开发学生独立完成研究课题的能力，取得了很好的效果。

整体来看，北京师范大学附属中学的科技类课程体系比较完整：国家课程标准要求的课程开齐开全，开设了以生命科学为主要特色的科技类选修课程；建立了以普惠制研究性学习为基础、以科技创新研究课程为拔尖人才培养的青少年科技人才培养体系。此外，跟随时代的发展，学校还在努力探索 STEM 课程的研发工作。

2. 科技社团建设

北京师范大学附属中学拥有较多的学生社团，其中科技类社团共有"科研小组""FTC 机器人社团"和"北京师范大学附中学生科技俱乐部"。这三个社团都是由学生自治运营。其中"科研小组"社团的团员主要是开展科技创新类研究课题的社团活动。表 4 - 14 展示了科研小组社团的全面活动安排。

表 4 - 14　北师大附中科技社团活动安排

活动内容	活动时间
面试选拔	每年 9 月
推荐部分学生进入高校实验室	每年 10 月
科学研究方法学习	每年 11 ~ 12 月
选择研究领域	次年 1 月
组会讨论	每周一次
开题报告	次年 3 月
中期汇报	次年 5 月
结题指导	次年 7 月

科研小组作为专门开展科研项目的学生社团，所有的社团活动都围绕着中学生科研人才的选拔和培养展开。从社团的活动安排表能够看出，社团活动以一年为周期，安排学生从入选社团到选题、开题、中期汇报和结题，完成科研活动的全过程。整体来说，入选了科研小组社团的学生的科研能力能

够得到完整的培养和锻炼。

北京师范大学附属中学生科技俱乐部为科研活动、科技制作、科普知识感兴趣的同学提供参加活动、交友会师的平台。科技俱乐部以"感受科技魅力，体验科研乐趣"为宗旨，以俱乐部的形式展开活动。会员根据所选学科，在导师带领下参加科普讲座，参观实验室、科技馆，组织科技论坛和沙龙。学生科技俱乐部是非常大的一个社团。社团中表现突出的同学将推荐参加"北京市青少年科技俱乐部""北京市青少年科技后备人才早期培养计划""北京市青少年科技创新学院翱翔计划"三项科技活动，在重点大学、科研院所的实验室内亲身参与科学研究过程。

科技俱乐部采取学生根据兴趣报名，成为俱乐部的会员。学生报名参加的同时，根据自己的兴趣可以参加一个或多个小组。自愿报名参加科技俱乐部组织的活动、培训和竞赛。利用课余时间，凭兴趣来拓展自己的科学技术知识，以及参与科学研究。

学生科技俱乐部由综合课程处老师担任主任，管理上采取学生自主管理的形式。各个学科小组的组长由学生自荐，课程处教师最终确定。学生组长主要职责包括：从科技俱乐部宗旨出发，全面参与科技俱乐部工作，统管小组的科技活动，协助老师组织会员参加科技活动；了解会员对于科技俱乐部活动的建议以及要求并及时反馈给负责老师；规划俱乐部发展蓝图等。作为科技俱乐部的核心成员，学科组长不仅要有协作、组织和凝聚会员的能力，还要尽自己所能，为科技俱乐部的发展和进步做一定的工作。相关活动如表 4 - 15 所示。

表 4 - 15　科技俱乐部生命科学小组的活动

序号	活动名称	活动时间	活动形式	参与人数
1	可再生能源——生物质能与太阳能的发展战略	2014 年 4 月	专家报告	10 人
2	生命科学研究小组开题报告活动	2014 年 1 月	学生汇报	16 人
3	创新大赛展示活动观摩	2014 年 3 月	参观考察	20 人
4	生命科学研究小组组会活动	每月一次	学生汇报	30 人
5	课题研究答辩展示	每年 10 月	学生汇报	30 人

总体来说，北京师范大学附属中学的学生社团的学生覆盖面比较广，有兴趣的学生都可以参加。社团的活动安排既有受众面广的活动，如专家报告，也有专题性的活动如创新大赛展示活动的观摩。还成立了专门开展课题研究的社团——科研小组。整体来说，北师大附中的科技社团是相对全面、完备的社团。

3. 日常科技活动

北京师范大学附属中学的日常科技活动包括科技人文节、科学家讲座、科普展览活动和科学实践活动几种类型。

科技人文节是学校在全校范围内开展活动。最初是科技节，2014 年以后，在科技节的基础上加入了人文内容，整合为科技人文节。由最初的初中部学生参与发展为全校师生共同参与。活动的主题由最初的科技体验，发展到现在以科技实践创新为主的内容；由最初的校内理、化、生、科技教师设计实施为主，发展到校内文科理科教师全员参与设计，并且与校外科技教育工作者共同实施。目前已经成为全校师生的科技节日。

科学家讲座采用不定期的方式开展。依据课程或者相关的需要邀请相关专家来校讲座。

科学实践活动一般安排在周末或者寒暑假期间，由本校教师组织学生外出。固定的有：每年全国青少年科技创新大赛观摩活动；钱学森班科学游学活动，各地的科学探索活动。在科学实践活动中培养学生的科技创新能力。

北京师范大学附属中学是钱学森先生的母校，学校建有钱学森纪念馆。钱学森纪念馆是学校最重要的科学家品质及科学精神的科普教育基地。此外，学校还经常举办定期和不定期的各种科普展览。

定期展览：钱学森事迹展；科普展览进校园（每年 11 月）；研究性学习成果展（每年 1 月）。不定期的展览一般随着热点不同做的展览内容也不同。如 2015 年做的是物理学热点展览——爱因斯坦 100 周年诞辰；2016 年的展览是"什么是引力波"。

北京师范大学附属中学的日常科技活动类型丰富，既有"请进来"（邀请科学家入校讲座），也有"走出去"（寒暑假的科学探索活动和观摩活动）。既有动手，也有动脑。在学校里设立科学家展厅，宣传我国的科学家，这也是该校的突出特色。

三 实现全人格教育理念的支撑制度与政策

在实现"全人格教育"理念的道路上，北京师范大学附属中学组建了专门的科技教育管理机构，由综合课程处主任担任负责人，组员包括科技总辅导员、各有关学科教研组长、年级组长、团委书记和专职科技教育教师。专门的科技教育管理机构有力地保障了科技教育工作的开展。

学校制定了完善的制度，保障学校的学生和教师有更高的积极性。学校共制定了组织管理类、支持保障类、实施操作类和评价奖励类四大类共计8项制度。

北京市学生金鹏科技团要求各学校分团都必须有本校分团的管理办法。下文中给出了北京市师范大学附属中学生命科学分团的管理办法。

北京市学生金鹏科技团
北京市师范大学附属中学生命科学分团管理办法

第一条 根据党的教育方针以及《全民科学素质行动计划纲要（2006～2010～2020年）》《北京市中长期教育改革和发展规划纲要（2010～2020年）》《北京市学生金鹏科技团管理办法》，为加强和深化素质教育，促进北京师范大学附属中学金鹏科技团的建设和发展，制定本办法。

第二条 北京师范大学附属中学金鹏科技团是北京市学生金鹏科技团生命科学项目分团。经评审认定后，由市教委命名。

第三条 北京师范大学附属中学金鹏团以"立德树人"为根本任务，以"培育和践行社会主义核心价值观，全面提升学生科学素质、培养专业后备人才"为宗旨，坚持"锐意进取、知行合一"的理念，培育"脚踏实地、搏击长空"的金鹏精神，在培养学生专业志趣、强化学校办学特色、展示我校科技教育成果等方面发挥引领与示范作用。

第四条　北京师范大学附属中学宏观指导金鹏团工作，研究制定金鹏团的发展方向以及方针和政策。

第五条　综合课程处承担管理金鹏团的职责，下设金鹏团科技总辅导员一名，专职教师由各学科教师兼任。

第六条　严格专项经费的使用，专款专用。

第七条　要吸纳品学兼优、对承办项目有兴趣爱好、学有所长的学生加入金鹏团成为团员，注册登记，颁发团员证。团员人数应达到承办项目所规定的数量，每年新吸收的团员人数应不少于团员总人数的30%。金鹏团应建立人才培养梯队，完善相关管理机制。

第八条　要为金鹏团配备具有较强业务知识和能力、能胜任工作的本单位教师负责教学和管理工作，确保教师参加专业进修培训、业务研究活动，并享受相应的待遇。

第九条　可向具有资质的社会团体、机构购买专业服务或聘请德才兼备的专业人员参与金鹏团的教学和辅导工作，并支付合理报酬。

第十条　要为金鹏团提供必要的场地和设备（施），并制订相应的管理制度。

第十一条　要加强金鹏文化建设，将金鹏精神和金鹏文化融入学校的文化建设中，形成"学科学，爱科学，用科学"的科技教育氛围。

第十二条　要坚持普及与提高相结合的原则。尊重学生的兴趣爱好，满足个性化需求，为全体学生搭建学习、交流、展示的平台。

第十三条　要结合承办的项目，研发并开设校本课程，完善课程体系建设。

第十四条　金鹏团要积极参加北京市学生科技节、科技周、全国科普日活动及国内外的科技竞赛、展示交流活动，有计划地组织科技实践活动及社会公益活动。

第十五条　金鹏团工作的档案资料由专人负责收集和管理。

第十六条　要积极承办市、区级科技教育活动，通过建立项目联盟、"手拉手"学校等多种形式，发挥辐射带动作用。

第十七条　开展活动时要制定相关预案，对学生进行安全教育，按规定为学生购买保险。

第十八条　金鹏团要严格规范使用金鹏团的名称、团徽、团旗、团员证等。

第十九条　组织学生赴国内外进行比赛或交流等科技活动，出访手续严格按照相关要求办理。

第二十条　学校要建立保障制度，对在国内外活动中取得优异成绩、贡献突出的金鹏团给予奖励；对金鹏团优秀的教师和团员给予表彰。

第二十一条　综合课程处对本办法具有解释权。

第二十二条　本办法自 2015 年 1 月 1 日实施。

北京师范大学附属中学生命科学分团的制度规定了金鹏团的理念和发展方向，以及金鹏团团队建设要求等内容。同时能够看出来，尽管是北京师范大学附属中学生命科学分团的制度，但是大部分制度与学生金鹏科技团的要求有关，不是北京师范大学附属中学生命科学分团专有制度。

四　师资与设施

1. 科技教师团队

校内科技教师共有 50 人，专兼职结合，其中专职科技教师 4 人，兼职科技教师 46 人。兼职科技教师为各学科教师。尽管北京师范大学是北京市学生金鹏科技团的生命科学分团，但是 4 位专职的科技教师均不属于生命科学专业，他们的学科专业和指导专业均为模型、电子信息和机器人。校内科技教师中，4 位是市骨干教师，7 位是区骨干教师。校内科技教师团队承担了学校科技教育的大部分工作，包括国家课程实施和校本课程研发、校内外科技活动的组织、学生科技社团的指导和管理等工作。该校的校内科技教师团队具有学科全面、教学经验丰富、老中青结合等特点。

该校的科技教师团队涵盖了生物、物理、化学、地理、信息技术等学科专业，教师能够指导生命科学项目、地球与环境项目、模型电子与信息技术项目等。该校的科技教师团队教学经验十分丰富，共有 29 位教师是从 2000 年开始指导学生开展科技活动，至今已经有近 20 年的时间。从年龄层上看，该校的科技教师团队中科技教师的年龄为 26 ~ 59 岁，其中 25 ~ 35 岁的科技教师有 9 人，36 ~ 45 岁的科技教师共有 29 人，46 岁以上的科技教师共有 11 位。经验丰富且精力充沛的科技教师占大部分，科技教师团队的力量较强。

校外指导教师共计 22 人，来自大学、研究院所与区级科技馆。校外指导教师主要承担：科技创新人才的培养和选拔工作、为学校科技创新工作提供建议、在学校开设讲座以及开设选修课等工作。校外指导教师团队相对稳定，延续性强。有些高校的实验室已经连续多年为北京师范大学附属中学指导学生完成科技创新项目，如首都医科大学基础医学院肝脏疾病实验室已经连续 8 年为学校指导科研小组学生，北京协和医学院纳米医学和生物材料实验室已经连续 3 年为学校指导科研小组学生。清华大学机械系快速成形实验室已经连续 9 年为学校指导学生。

此外，北京师范大学附属中学借助北京高校众多、科研院所集中的优势，学校的"科研小组"学生社团中，开展"医学与健康"课题研究的学生人数较多，因此，学校积极为这些学生搭建合作平台，先后有学生进入了北京大学医学部基础医学院免疫学系、首都医科大学神经再生修复研究重点实验室、首都医科大学神经生物学系脑卒中实验室、首都医科大学基础医学院肝脏疾病实验室、北京协和医学院纳米医学和生物材料实验室、首都医科大学生物医学工程学院人体能量代谢实验室、北工大生物医学工程教学基础医学实验室、清华大学机械系快速成形实验室开展高水平的医学与健康研究活动。

2. 学校科技教育设施

北京师范大学附属中学十分重视建设先进的科技教育设施建设，以优良的基础设施平台促进科技教育活动的深入开展。基础设施包括：科技教室 4 个，物理实验室 9 个，化学实验室 8 个，生物实验室 7 个，地理教室 2 个，计算机房 5 个，生物园 1 个，以及适合开展科技讲座等活动的 3 个阶梯教室，1 个演播室、1 个报告厅和 1 个礼堂，其中物理、化学数字实验室，生物高分子实验室和组培室都是近年配置的新设备；学校为科技课程和科普活动提供了条件较为成熟的场地和景观，包括生态植物园、机器人制作教室、电子技术教室、单片计算机教室、陶艺教室、科技橱窗、地理活动室等。北京师范大学附属中学是钱学森院士的母校，学校精心建设钱学森纪念馆，已经成为校内外爱国主义教育和科技教育的基地。北京师范大学附属中学于2017 年建成"北京师范大学附属中学科技创新实践开放实验室"，为"北京市普通高中开放式重点实验室"项目中的一部分（见表 4 - 16）。

表 4 - 16　各教室的具体面积和设施情况

序号	场地名称	场地面积	适用项目	包含的设施、工具和材料等	启用时间
1	科技创新实验室	240 平方米	模型、电子与信息技术、机器人、科技创新	加工中心、数控机床、快走丝线切割机、PLA 材料 3D 打印机、粉体材料 3D 打印机、电路板快速制版机、带锯机、钻床、铣床、手工进攻加工工具	2014 年
2	FTC 机器人教室	30 平方米	机器人	FTC 机器人场地、设备	2015 年
3	生物研究室	60 平方米	—	恒温培养箱、恒温摇床、冰箱、高压灭菌锅、超净工作台	2009 年
4	分子生物学实验室	60 平方米	—	PCR 扩增仪、UVP 凝胶成像分析系统、凯普 DNA 快速杂交仪、紫外线分光光度计、纯水仪、高速离心机、超声波清洗机	2009 年
5	生物准备室	18 平方米	—	初、高中基本生物实验器材	2004 年
6	生物标本室	30 平方米	—	动物、植物标本	2004 年
7	生物药品库	30 平方米	—	初、高中生物实验所需药品	2004 年
8	生物园、温室	200 平方米	—	几十种植物、植物栽培基本工具	2005 年
9	陶艺教室 1 间	100 平方米	模型	拉坯机、陶艺手工工具	—
10	钱学森纪念馆	260 平方米	科学素养提升	钱学森先生生平展示资料	2009 年

能够看出，北京师范大学附属中学围绕落实全人格教育理念，培养全面发展的人方面做出很多努力。不论是扎实的科技课程还是丰富多样的科技活

动，抑或是学校里科学家的展览，都是为学生创设了丰富的可以提升能力的学习内容。围绕落实全人格教育，学校设定了有效的制度和政策，并且为学生提供了简明有效的科技教育基础设施。北京师范大学附属中学借助北京丰富的科研资源，丰富了学校的科技教育师资。北京师范大学附属中学的科技教育发展进程和措施是非常值得借鉴的。

小　结

在本书中，提供了国内国外不同类型既有中学也有小学的科技学校成功案例。实际上，我们都知道，确定一个学校是成功的，这一点是比较难的。可能，在某一段时间，这些学校的做法是好的，是适合的。但是不可否认的是，每个学校都有自己的弱点和不足。并且，我们肯定一个学校是成功的还是失败的，其实有很多方面。比如说，如果一个学校培养很多顶尖的科技后备人才，那我们可以认为这个学校是成功的。再比如说，如果一个学校能够培养出很多热爱科学的孩子，那我们也可以认为这个学校在科技教育方面是成功的典范。目前，我们并没有建立一个科技学校的评价系统，也缺少相应的数据来支撑。并且，学校作为一个复杂的以人为组成部分的教育系统，从大数据的角度也很难去评价。每个学校都有自己的资源，自己的特色，自己的生源，各种类型的实际情况，我并不期待本书中提供的案例能够被完全的拷贝成功，只是希望这些案例能够为那些希望建设学校的人一些信心和希望，无论什么条件，无论什么情况，只有努力，才能成功！

后　记

本书能够完成，离不开大家的支持与帮助。首先要感谢中国科普研究所各位领导、老师和同事的支持和帮助。

感谢英特尔（中国）有限公司的授权，让我们有机会得以深入学习SODA 的案例。感谢英特尔（中国）有限公司秦莉女士对课题一直以来的关心、指导和支持。华中师范大学巴鹤臻、夏珂两位同学参与了案例初稿的翻译工作。

感谢北京市学生活动管理中心王涛部长和赵茜老师提供北京市案例素材。

全国十佳科技教育创新学校案例中，泉州师范学院附属小学姚朝祥、黄志强，泉州市第七中学杨利、林梅青，福州第三中学李梦、魏丽真，南京田家炳高级中学沈涛、王友宁，上海市第一师范学校附属小学张燕、刘鑫等提供了案例素材；华中师范大学刘伟男、张松、王梦倩、肖芮、孟佳豪、柳絮飞、赵倩文、龙琴、刘丽欢等同学参与了学校调研工作及案例的编写等工作。

感谢所有给予课题支持的老师们！

由于著者水平能力有限，纰漏难免，希望大家多批评指正，共同推进我国科技特色学校建设工作！

图书在版编目（CIP）数据

科技特色学校建设案例研究/李秀菊，崔鸿，赵博
著. -- 北京：社会科学文献出版社，2019.11
（科技特色学校建设丛书）
ISBN 978 - 7 - 5201 - 4755 - 2

Ⅰ.①科…　Ⅱ.①李…②崔…③赵…　Ⅲ.①中学 -
学校管理 - 案例 - 世界　Ⅳ.①G637

中国版本图书馆 CIP 数据核字（2019）第 075594 号

科技特色学校建设丛书
科技特色学校建设案例研究

著　　者/李秀菊　崔　鸿　赵　博

出 版 人/谢寿光
责任编辑/张　媛

出　　版/社会科学文献出版社·皮书出版分社 （010）59367127
　　　　　地址：北京市北三环中路甲 29 号院华龙大厦　邮编：100029
　　　　　网址：www. ssap. com. cn
发　　行/市场营销中心 （010）59367081　59367083
印　　装/三河市尚艺印装有限公司

规　　格/开　本：787mm × 1092mm　1/16
　　　　　印　张：13.25　字　数：200 千字
版　　次/2019 年 11 月第 1 版　2019 年 11 月第 1 次印刷
书　　号/ISBN 978 - 7 - 5201 - 4755 - 2
定　　价/89.00 元

本书如有印装质量问题，请与读者服务中心 （010 - 59367028）联系